京 花背 美山荘の摘草料理

もう一度読みたい

中東吉次 著

淡交社

復刊に際して

本書は平成元年（一九八九）に刊行された『京 花背 摘草料理』を再編集したものです。美山荘のある花背の里は京都市内とはいうものの、中心部から急な峠を越えて一時間ほどもかかる山深い里。著者の中東吉次氏は独学で料理を学び、花背の里で「摘草料理」という独自の世界を創り上げることになるのですが、本書では「摘草料理」が生まれた背景がどのようなものであったのかを知ることができます。

折々の草木を通して、幼き日の想い出や、料理に対する熱い想いが洒脱な文章で語られています。生まれ育った花背の自然を敬い、そこに住まう人々の暮らしを見つめ、野に咲く草木を慈しんだ結果生まれたのが「摘草料理」なのでしょう。親友であった京都の老舗料亭・瓢亭の髙橋英一氏が唯一無二の料理という、「摘草料理」のエッセンスがここにあります。

なお、本文中に現在では一部不適切とみられる表現がありますが、作品の独自性を尊重してそのまま掲載しています。また、掲載したカラー図版は刊行当時のものを使用しておりますので、経年による若干の退色があることをご了承くださいませ。

目次

摘み草の楽しみ

――序に代えて――

仁和の帝親王《みかどみこ》におましましける時
人に若菜たまひける御歌

君が為春の野に出でゝ若菜つむわが衣でに雪は降りつゝ　　光孝天皇

哥奉れと仰られし時詠みて奉れる

春日野の若菜つみにや白妙の袖ふりはへて人のゆくらん　　貫之

光孝天皇の歌は「百人一首」に採られ、定家が高く評価した歌で、「君が為《ため》」とは『万葉集』の「君がため山田の澤に恵具《えぐ》採《つ》むと雪消《ゆきげ》の水に裳《も》の裾《すそ》濡れぬ　　作者不詳」以来の発想のパターンとされています。正月初子《ね》の日に、内膳司から七種の若菜を羹《あつもの》として天皇に献《たてまつ》ることは、醍醐天皇延喜年間（九〇一〜九二三）から年中行事として始まりましたから、光孝天皇が親王時代にはまだ正式には始まっていなかったようです。しかし、早春の若菜摘みは古来民間で行なわれていて、「籠《こ》もよ　み籠持ち　掘串《ふくし》もよ　み掘串《ぶくし》持ち　この岳《をか》に　菜摘《なつ》ます児　家聞かな　告《の》らさね……　雄略天皇」の如き、村のおそらくは豪族の娘が野に出て、春の行事の若菜を摘むところに行き合わせた天皇が、求婚の歌に擬しているのをみても判ります。「春日野に煙《けぶり》立つ見ゆ少女《をとめ》らし春野のうはぎ採みて煮《に》らしも」の歌、また竹取翁《たけとりのをぢ》が季春の月丘に登って遠望し、羹を煮る九人の乙女に会って問答する歌がありますが、これなど、成女戒を受けるために春、野外の仮屋に籠《こも》って、若菜を摘んで煮炊きし、物忌《ものいみ》している古代の信仰と生活とが背景に窺えます。このように正月の行事とは決らなかったものが、いつしか宮中にまで及び正月行事となったのが、光孝天皇や醍醐《だいご》天皇の時代なのでしょう。

昔、中国に〝踏青節《とうせいせつ》〟という節句があって、陰暦の三月三日頃とされているその日には、老若男女が挙《こぞ》って野に出てて遊んだと言われています。その頃には桃の花も咲きましょうし、草も萌える頃、戸外に出てその青々とした草の上で楽しく過ごすことは、冬解《ど》けを待ちわびた者の身にとっては、例えようのないほど嬉しい日の訪れです。わが国の花見と同じように、もとはその歳の取入れの吉凶を占う行事でもあったようですが、踏青節の風習は、わが国に波及して〝子の日のあそび〟となったようです。その歳の初めての子の日に摘み草をして遊んだ行事の名残りが、今日の七草粥に見られます。七草粥は正月七日に作りますが、前日に摘み、夜の明けない内に俎板《まないた》の上で叩きます。「七草なずな唐土の鳥が日本の土地に渡らぬさきに七草なずな」と囃《はや》しながら……。

日本人は大昔から、山の幸、野の幸を大切に利用してきたのです。『万葉集』や『古今集』に、摘み草の様子を求めれば枚挙に暇《いとま》がありません。どの歌に詠まれていても、一木一草の種《くさ》にあらずと、心通わされている扱いには頭が垂《さが》り、心温められます。野草や山菜は長く厳しい冬を堪え抜いて、春を迎えた自然の精の息吹きにほかなりません。秋には根を残して枯れてゆく運命にあるのです。草が萌えるとよろこび、山菜が芽を出すのを見て心のトキメキを覚える春の日。

〝テッペンカケタカ〟時鳥《ほととぎす》の声が渡ってきます。初時鳥の一声は、文人詩客ならずとも聞き逃せられない夏の知らせ、田植え時の知らせです。「信濃なるすがのあら野の時鳥鳴く声聞けば時過ぎにけり　読人志らず」と『続後拾遺集』にあって、人の心は田に移り、水に移ります。ヘルマン・ヘッセの『シッダールタ』という本の中に、主人公のシッダールタが水と語らう場面があったのを想い出しますが、確かに、せせらぎが、渓流が、喋ることを覚えました。時鳥の叫びは、田植え時の知らせならぬ、水への誘いかもしれません。

〝川開き〟何と響きのよい言葉でしょうか。夏の陽の光を受けては返す、あの〝キラキラ〟輝く流れに誘われて、川辺に立つ。冷たい水を両手いっぱいに掬ってみたい、誰もがそう望むに違いありません。釣り糸を垂れるのもよいでしょう。岸辺の樹蔭で昼寝をするのも一興。若葉が照り光っています。美しい草花が咲いています。夏は水と太陽の祭りです。

「このまよりもりくる月のかげみれば心づくしの秋はきにけり　よみ人しらず」『古今集』の歌ですが、まさに秋は心づくし、人に物思いの限りをつくさせ、人生の寂しさ、人間存在の哀れさに触れることが多い季節です。この時季に山を歩いていますと、「ピーッ」と高く長く強い声で鳴く鹿の声を聞くことがあります。これは牝鹿《つま》を恋うる牡鹿の声、格調高く男《おす》の自信に満ちた声の主は、時として人前に姿を現わすこともありますが、雄然と立ち止まっては、人間《ひと》の姿を不思議そうに眺めています。目はあくまでも涼やかに、背筋を伸ばした毅然とした態度に触れては、何かこちらが悪いことをしているように思えてたじろぎます。「奥山に紅葉ふみわけ鳴く鹿のこゑきく時ぞ秋はかなしき　　よみ人しらず」『古今集』（百人一首では猿丸太夫作）のこの歌も、秋の悲哀感を持った人の心の所作から来るものか。「老と見ゆる鹿が鳴きけりまのあたり　　河東碧梧桐《かわひがしへきごとう》」もう牝を呼ぶ妻恋の声などには縁がないであろうと思われたのに、老鹿は切々たる声をあげて鳴いたのに、胸を打たれたのでしょう。自然の中での融和に欠けた人の世に、鹿は何かを教えてくれているのかもしれません。

鹿り《しっか》と秋を意識して地面を見れば、「はらはらと落ちる木の葉にまざり来て栗の実ばかり土に声あり　　蓮月」があります。「よの中は秋になりゆくわが栗のしぶる〳〵やゑみてすぎなむ　　為家」どんぐりと呼ばれて親しまれる樫の実、椎の実と併せて栗の実は、木の実の代表格。万葉の時代には、椎の実などがもて囃されたようで、歌にも多く詠まれています。榧《かや》の実や栃《とち》の実は実用に叶って重宝されてきましたが、渋味や苦味を持っているところから、あまり人の心にトキメキを与えなかったのでしょう。山葡萄《やまぶどう》や通草《あけび》も木の実ながら、やはり、その品性を買われた栗の実には勝てません。

芳《たけ》を詠む、として「高松のこの峯も狭《せ》に笠立てて盈《み》ち盛りたる秋の香のよさ」と松茸を詠んだものとされる作者不詳の歌が『万葉集』にあって、『改正月令博物筌』に、「和名抄には、〈くさびら〉を菜蔬とす。按ずるに、〈茸〉の字は同じくさびらのうちにても、笠なきものをいひて、〈岩茸、革茸《かうたけ》、木くらげ〉の類なり。〈菌〉の字は、笠あるものをいひて、〈松菌、〆地《しめじ》、椎茸〉の類なり。和名にきのこと称することは、それぞれ木の下に生ずる子のごとしといふ心にて、椎の木の下に椎茸を生じ、榎《えのき》の下に榎たけを生ずる類なり」と説明されて、茸類が古くは、くさびらと言って親しまれていたことが判ります。

このように、早春から晩秋に至るまで、自然と生活を共にし、自然と心を交《かよ》わせて、移ろいゆく四季を確かめながら、日本人は自分たちの文化を育ててきたのです。若菜からくさびらに至るまでの命を自然の恵みと受け留めて合掌《てをあわせ》し、智恵を辿《さかのぼ》って賞味したのです。食べるということは、舌を愉しませるものでもなく、腹をいっぱいにする行為だけではないでしょう。

躯《からだ》を養う目的に重ねて、精神すなわち心をも養おうとする日本人の食事には滋味が求められました。とりわけ、心を寄せられた素材を大切にした食事が求められてきたのです。そんな血を受け継いで代を重ねた日本人は、すべからく素晴らしい文化人だと自負してやみません。日本人であることの誇りを心に戸外《そと》に目を移せば、お蔭様で私の周囲《まわり》には自然がいっぱい。否《いな》、私が自然の懐《ふところ》に包まれて抱かれているのに気づきます。若菜《くさ》もくさびらも私の血を作ってくれた親であって、樹木や岩肌は私の目を養ってくれた兄弟、水はさしずめ姉妹かもしれません。動物《けもの》や鳥たちは遊び仲間の友達です。太陽は神様で、月は仏様かと心に映ります。地球上の生物は、宇宙（天体）を父とし、土（地球）を母として生まれた子供たちでありましょう。自然の中で人間《ひと》だけが特別の権利を与えられているのではないはずです。自然には厳しい掟《おきて》があることを私たちは知らねばなりません。科学的に解かれた法則は物理的なものであって、いかに優れた科学技術をもって探ってみても、掟という法を解き明かすことなど、とうてい出来ないのではないでしょうか。春、花の下で。夏、せせらぎの畔《ほとり》で。秋、落葉の上で。冬、吹雪の中で。いつも考えさせられる自然の営み。深い愛と厳しい鞭の中で、喜怒哀楽の謳歌が許された人であらばこそ、生かし、活躍させたい自分の心。心こそ自然であり、自然の不思議と通ずるものであって、判断次第で自然の掟を解くことが可能な唯一のものと信じています。

自然の中に心を開き、溶け込ませてゆくには、自然そのものに理解を示すことが必要でしょう。〝摘み草〟という行為の意図するところが、ここにあります。若菜やくさびらを毟《むし》り取ってはなりません。小さなものは摘む。大きなものは採る。決して理屈っぽい言い方をしているのではありません。草《くさ》は種《くさ》に通じ、食材を指していると心得ております私ども山の住人の、みんなが常識として知っている種々《くさぐさ》への心得は、風習として固められたり、信仰と関わりを持ったりして伝承されている、言わば野守り、山守りとしての自然への勤めなのです。

山菜採りと摘み草のどこが違うのかというご質問を受けることがよくあります。山菜採りは、山の住人の糧《かて》を得る目的を持った行為であって、生活のためのもの、と言えるでしょうし、摘み草は、今までに若菜からくさびらへと、万葉の古《いにしえ》まで辿って、その時代に詠まれた歌や句をいくつかご紹介しました通り、生活の中の遊びの部分を司ってきた行為でありますが、その中に自然との関わりをも充分理解して、心通わせた行為であることが判ります。

「家にあれば笥《け》に盛る飯《いひ》を草枕旅にしあれば椎《しひ》の葉に盛る　有馬皇子《ありまのみこ》」つい近年まで、この歌に詠まれた様子が知れる生活習慣が、京の山里にも残っていましたが、現在ではすっかり様変りしてしまった家庭の食卓。笥を褻《け》（日常）、椎の葉は晴《はれ》（特別）と訳してみてはいかがなものでしょう。日本人の食事の様子はずいぶん変っていっております。日本の家庭で、きっちり三食日本料理が供されるお宅があれば珍しいご家庭だと思います。ましてや、朝食に〝ごはん〟と〝味噌汁〟が上らないご家庭が大半と聞くに及んでは、最早や、日本人の家庭から日本料理が遠ざかってゆくことに歯止めも出来なくなっていることは間違いなし、と嘆いてみましても、しょせん〝年寄りの冷水〟。日常（褻）は、無国籍の食事にその座を譲るとしましても、せめて特別（晴）の日には、日本人が創り上げた日本食、日本料理を召し上がっていただきたいものです。その献立の中に〝若菜〟や〝くさびら〟の種々一品でも仲間に加えていただければ、まぎれなきご馳走となりましょう。日本料理が今日のような姿に整い、形成されてきた歴史には、無にすることの出来ない祖先の研鑽《けんさん》の跡があります。そのことが料理文化であるとの誇りを持って、私ども、今に生きる料理人はますます研鑽を重ね、新しい文化を上積みして、次の世に伝承させてゆきたいものと願っています。人はよいエネルギーを吸収して、よいエネルギーを還《かえ》してゆく。これを原則として尊く在りたいものです。

日本では、おそらく持ち主のない土地など何処を捜してもないでしょう。勝手に立入って摘み草が出来る所がないのです。必ず持ち主の了解を得て、その場所を求めて下さい。土地の人は誰が持ち主かをよく知っていますので尋ねて下さい。間引くことは他を育てることにも繋《つな》がりますが、みだりに採っては自然破壊に繋がります。繁殖してゆくことを願ってこその摘み草の心得です。自然は人の心です。繁殖以上に摘み人が多くなれば、バランスを失ってどんどん減少してしまい、うかうかしていると絶滅のうき目に晒されます。また、樹の芽などは、摘み採られることによって枯れてしまうものもありますので、一枝からわずかに頂戴するという配慮や、座を残して、新芽の出るよう心がけることも大切です。樹木を傷つけたり、地面を踏み荒すなどはもってのほか、ゴミを捨てるなどの心ない行為はせっかくの美しい環境を台なしにしてしまいます。温かい心で自然と融和することが、摘み草の楽しみとも言えましょう。

株式会社淡交社副社長の臼井史朗さんに、初めて出版のお話を頂戴した日のことを想い出します。拙《つたな》い山里の料理人に「無体なことを仰せられるな」とご辞退申し上げておりましたが、浅学非才の吾が身も顧ず、お言葉に甘える結果になりましたのも、人生のおおかたを自然の風雨に晒されて育ち、草を摘み料理させていただける幸せを覚えて過ごす日々の暮らしの中で知らされた、大きな智恵袋と見える自然、計り知ることの出来ない自然の実体がかもし出す恐怖、などをちょっとお伝えしてみたくなってのことです。

いざ、ペンを取ってみて、書くことがどんなに難しいことかを味わいつつ、何とか続けられましたのも、小庵の女将《おかみ》である家内や、それを手伝う次女の千鶴、調理場を守ってくれる実弟の久雄や、水野秀次君、ほか若い料理人たちの温かい励ましがあったからです。人に恵まれるのも、この自然があればこそ。出版に関してご尽力をいただいた皆様に深甚なる感謝の意を表します。

摘草料理の作例

ふきのとうから煮（36頁）

つくし酢の物（39頁）

あざみ和物（42頁）

のびる向付（45頁）

かんぞう味噌漬（48頁）

せり御飯（51頁）

よめなめし（54 頁）

たんぽぽ白和え（57 頁）

よもぎ麩味噌汁（60 頁）

のにんじん酢の物（63 頁）

くさそてつ和物（66 頁）

すかんぽ昆布押し（69 頁）

あさつき 牛肉巻き（72 頁）

さくら白和え（75 頁）

かたくり味噌汁（78 頁）

とりあししょうま束ね柴酒蒸し（81 頁）

もみじがさ浸し物（84 頁）

鶏笹身花山椒和え（87 頁）

うこぎめし（90 頁）

いたどり炊合せ（93 頁）

からすのえんどう炊合せ（96 頁）

みつば 鯖酢味噌和え（99 頁）

わさび一夜漬（102 頁）

わらび 出し巻玉子（105 頁）

たらのめ 鯛揚げ物（108 頁）

八寸（ささのこ味噌漬 川海老旨煮）（111 頁）

ぎぼうし青酢和え（114 頁）

しのだけ姿焼（117 頁）

はちく姿ずし（120 頁）

こしあぶら油揚げ胡麻醤油和え（123 頁）

焼うど海老味噌かけ（126 頁）

みずぶき 長いもうに和え（129 頁）

やまぶききんぴら（132 頁）

つつじ揚げ物（135頁）

くさぎ 大豆旨煮（138頁）

朴葉ずし（141頁）

ひのきわらび煮物（144頁）

きいちご 鮎せごし酢の物（147頁）

ぜんまい炊合せ（150頁）

大葉ゆりねやまもも風味（153頁）

つゆくさ浸し物（156頁）

じゅんさい冷物（159頁）

大葉紫蘇包み揚げ（162頁）

えびがらいちご酢の物（165頁）

あかざ炒め物（168頁）

あぶらめたで酢かけ（171 頁）

ひゆ 豆腐味噌汁（174 頁）

青梅甘煮（177 頁）

みょうが黄身ずし（180 頁）

いわなし 車海老酢の物（183 頁）

ぐみ いか きゅうり酢の物（186頁）

ゆりねうに和え（189頁）

あけび麹和え（192頁）

とんぶりキャビア ゆりね包み（195頁）

きぬさやえごまよごし（198頁）

むかご松風（201頁）

そば雑炊（204頁）

干ぶどう若狭ぐじ白和え（207頁）

干わらびくるみ白和え（210頁）

煮物椀（栃餅）（213頁）

栗茸吹寄せ（216頁）

杉筍 軸ほうれん草浸し物（219 頁）

なめこ 水菜辛子和え（222 頁）

鼠茸味噌和え（225 頁）

松茸 地鶏炊合せ（228 頁）

舞茸酒蒸し柚子味噌かけ（231 頁）

猪口茸味噌汁（234 頁）

黒皮茸揚げ物（237 頁）

香茸 とゆゆばから煮（240 頁）

虚無僧茸 松葉がに柚子釜（243 頁）

かやの実善哉（246 頁）

岩茸 冷し物（249頁）

湿地茸 若狭ぐじ酒蒸し（252頁）

ぎんなん煎餅（255頁）

またたびかす漬（258頁）

ふじまめ甘煮（261頁）

がまずみ 蕪一夜漬（264頁）

じねんじょ酢の物（267頁）

蒸しりんご 冬いちご風味（270頁）

ゆきのした味噌汁（273頁）

美山荘の摘草料理

ふきのとう

厳しい自然の中の冬は、すべてのものを凍《い》てつかせてなお赦《ゆる》すことを知らず、それはそれは怖いものですが、生けるものはすべからく、本然《ほんぜん》の智恵を授かっており、それなりの生き様を知っているものです。冬眠こそ越冬の第一義と、ヒトもまた家を囲い、食糧や薪《たきぎ》を蓄《たくわ》えて、囲炉裏《いろり》を囲み、雪解けを待つのが習わしでした。それは決して耐えるとか、我慢するといった侘《わび》しいものではなく、やがて来る春の陽ざしに夢馳せての待合の席でもありました。

「比良の八講《はっこう》荒れじまい」とか「暑さ寒さも彼岸まで」と聞かされて育ちました私には、彼岸の中日はまさに彼岸到達の日でもありました。この頃には、辺りの凍ても戻ってまいります。とても近寄れなかった雪の山道もどうにか踏み入れる状態になって、どこからともなく、春の気配をのせた暖かい風が流れて来ます。こんな日には、たまらなくなって春を迎えに行くのです。山の麓《ふもと》の沢の畔《ほとり》、チロチロッと雪の下に確かな水の声が聞こえています。そんな辺りの雪をひと押しすれば、バサッと下に落ちて真黒な大地が顔を覗《のぞ》かせ、確かな春が出番を待っているのです。この大地に美しい緑の塊《かたまり》が点在し、見る見るうちに頭をもたげ、天に向かって真直ぐに背を伸ばします。

春の魁《さきがけ》を運んでまいりますフキノトウは、よほどの慌て者とみえて、十二月も末ともなれば、もうコチンコチンの固まりとなって地上に姿を現わし、雪におさえつけられながら冬を越しているのです。「お前なあ、もうちょっと落着いて地中に居れや」そんな言葉をかけての冬支度が、つい昨日のように想えるのも今日の感動あらばこそ。この雪が、この冬がなければ、フキノトウとてこれほどまでに美しく鮮やかな緑を呈してはくれまいだろうに。「さあ、春やぜぇ」と、私どもはフキノトウとともに冬眠から醒《さ》めてゆくのです。

フキ（キク科）の根茎《こんけい》から出る花茎。別名＝フキノジイ、フキノシュウトメ

《特徴》各地の山地や平野、道端に自生する多年草。雌雄異株《しゆういしゆ》。早春、苞《ほう》に包まれた花茎が、土を割って姿を現わす。雌花は白く、雄花は黄白色である。

《採取法》早春に、苞の開ききらないものを、地下茎を残して、指で地ぎわからちぎり取る。

準備　土やごみなどを取り去り、きれいに水洗いする。

◆ふきのとう白和え

①ふきのとうは色よく湯がき、2時間くらい水に晒す。
②こんにゃくは薄くへぎ、3センチの長さに細く切り、熱湯にくぐらせる。
③豆腐は水切りして裏漉しにかけ、白味噌を少し加え、摺り鉢でよく摺る。砂糖、塩、淡口醤油少々で味をととえる。
④水気を切ったふきのとうとこんにゃくを③で和える。

◆ふきのとう酢の物

①しらうおは二番出しでサッと煮る。
②ふきのとうは色よく湯がいて水に晒し、よく絞って、縦に長く包丁し、下味をつける。
③しらうおとふきのとうを盛り付け、二杯酢をかける。

◆ふきのとうから煮

①ふきのとうは湯がいて水に晒し、よく絞って、酒、濃口醤油、みりんで丸のまま煮る。

つくし

「ツクシ誰の子、スギナの子……」と口ずさみながら、陽炎《かげろう》の中で土筆《つくし》を捜していますと、杉菜より先に出ていることがあります。「馬鹿、親より先に出る奴があるか」などと言い聞かせつつ摘んでおりますと、いつしか想いは少年の頃に移ります。

あれは小学生も一年か二年生頃だったでしょうか。大人の真似をして野焼きをすることにしました。家からマッチを持ち出して、悪童二人、枯草の原っぱに火をつけましたら、炎の輪がどんどん拡がって行きます。親から厳しく止められていた火遊び、「子供はマッチを触ってはいかん」との親の言葉も口ぐせと、シュバッと摺った快感の余韻すら醒《さ》めやらず、有頂天になって、「もっと燃え、もっと燃え」と囃《はや》したてていましたら、よく意が通じて火はどんどん燃え拡がって行きました。そのうちだんだん恐ろしくなって、ぼつぼつ消そうかと、大人たちがしているように炎を足で踏んで消しにかかりましたが、燃え拡がるほうが早く、消すことなどおぼつきません。杉の青葉の枝を折り、パンパン叩いての消火活動(?)は、意に逆らって飛び散った火の粉が新たな火点を作り、もう四方八方火だらけ、消している本人灰だらけ。焼け跡と悪童の区別もつかず、さしずめ、焼け跡がうごめくが態《てい》の様相を呈した頃に、やっと大人が異変に気づき、駆けつけて来てくれましたが、父親にはこってり折檻《せっかん》され、火事より怖いオヤジだと震えていました。うなだれた首は上げようもなく、目を落とした地面には土筆もまた、我と同じく首をうなだれて焼け焦げ、群をなした姿は、いかにも哀れでありました。

土筆は袴《はかま》を幾つも着けていますので、これを剝がすのが大仕事です。折らないように、あまり力を入れずに、ていねいに袴を取って行きます。慈《いつく》しんで取り扱うのも、滋味の一つ。よい姿で食膳に供したいものです。

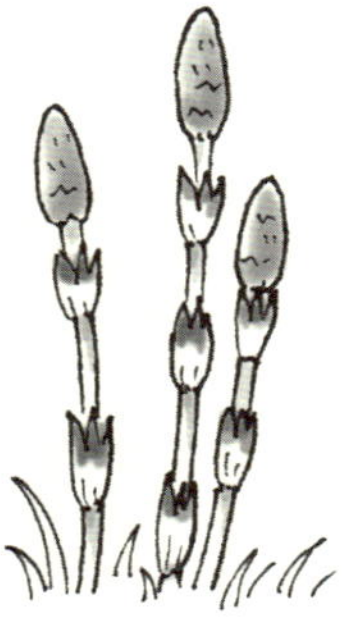

スギナ（トクサ科）の地下茎から出る胞子茎《ほうしけい》。別名＝ツクシンボウ
古名＝ツクヅクシ
《特徴》春早く、土手や畑、道端などに、淡褐色の筆の穂のような頭を覗《のぞ》かせ、高さ10～25センチほどになる多年草。茎頂に六角形の胞子葉が密生。ツクシが枯れる頃に、スギナが芽を出し、群生する。
《採取法》早春に地上部を摘み取る。

準備 用途により、袴を取り、サッと湯がき、水に晒しておく。

◆つくしすき焼

①つくしは水洗いして、布巾で水気を取る。
②熱した鉄鍋に油を敷き、牛肉を砂糖、濃口醤油で炒め、煮る。
③牛肉に九分通り火が通った頃に、つくしを入れる。
④出来上がりに木の芽をかける。

◆つくし酢の物

①準備したつくしの水気を切り、乾いた布巾で水気を取り、二番出しで下味をつける。
②菜の花は色よく湯がき、二番出しで下味をつける。
③がらさ海老は頭と背わたを取り、サッと湯がき、冷水に取る。尾を切り、殻をむく。
④つくし、菜の花、がらさ海老を二杯酢で和え、盛り付ける。

◆つくし浸し物

①つくしの水気を切り、下味をつけ、長さを切り揃える。
②味をととのえて盛り付け、糸かつおをかける。

あざみ

紅に紫をさしたような美しい花、アザミは、我が身の美しさによほどの自信があるのでしょうか、誇らし気に全身にトゲをつけて身を守っています。

元来、トゲのあるものを称してアザミと言うそうです。花でも人でも同じこと、美しいものにはトゲがあっても、ちょっと触ってみたくなるのが人情というもの。私もこの歳になって少々のトゲぐらいと、むしろ好奇心が湧きますが、いやいやこれこそ怪我の元と避けて通ることを常といたしますものの、そうとも言っていられないことがあります。

早春の田圃《たんぼ》や畦道《あぜみち》に、枯草に混じって青い芽がチョコチョコと出て来ますと、数日を待たずして一面が青々としてまいります。「いよいよ春やなあ」と、近づきますと、ところどころに掌《てのひら》くらいの窪《くぼ》みが出来ています。覗《のぞ》いてみると、地面にベタッとくっつくように、葉を拡げて生えているアザミの姿を見つけることが出来ます。芯を中心にして幾葉かは上を向き、産毛《うぶげ》ともトゲともつかぬ針をチョコチョコ立てて天を仰いでいるさまは、なかなかの雄姿か、おきゃんな娘っ子を想わせるものがあります。

「なあ、頼むから私を刺すなよ」駄目押しをしてから、おもむろに立っている部分を切り取ってきます。「こればかりは、摘む草ではなく、採る草となるなあ」などと思いながら、籠《かご》いっぱい採って、帰ってからの掃除がまた大変、よほど要心して扱わないと、チクッとやられるのです。「なんや、肝心なところはこれだけかいな」籠に残るのはほんの少しになってしまいます。こんな調子で、手間暇かけて慈《いつく》しみ、芯にある産毛に被われた部分だけを珍重して賞味させて貰うのです。

アザミは、ゆめゆめ大きなものを召さるるな、小なるをもって尊しとなされませ。と、独りごちつつ。

キク科の多年草。　正称＝ノアザミ
《特徴》　北海道を除く各地の山野にふつうに見られる。高さ60センチから1メートルくらい。葉は羽状の切れ込みが多く、縁には鋭いトゲがある。5～8月、分枝した茎頂に紅紫色の頭花を上向きに開く。総苞《そうほう》はほぼ球形、外側は粘質を帯びる。総苞片《へん》は直立し、トゲがある。
《採取法》　春に若苗と幼茎葉を摘む。若い根も春に掘り取る。トゲに注意。

準備　ごみ、下葉を取り除き、湯がいて冷水に取る。

◆あざみ炊合せ

①あざみは水気を切り、切り揃え、淡口醤油、出し汁で煮る。
②鯖《さば》は頭を切り落とし、不要の腹わたを取り除き、筒切りとする。
③だいこんは皮をむき、輪切りにして出し汁で煮る。
④鯖を入れ、だいこんがやわらかくなったら、味噌、砂糖、酒で調味して盛り付け、①を添え盛る。

◆あざみ味噌汁

①豆腐は水切りして焼く。
②出し汁に白味噌、赤味噌を溶き入れ、すいのうで漉す。
③別鍋に②を適量入れ、準備して切り揃えたあざみと①を煮て、盛り付け、②を注ぎ、辛子を落とす。

◆あざみ和物

①鶏笹身はサッと湯がいて冷水に取り、布巾で水気を取り、ぶつ切りにする。
②あざみを切り揃えて①ともみ海苔を混ぜ合わせ、淡口醤油で味をととのえる。

のびる

「醤酢《ひしほす》に蒜搗《ひるつ》き合《か》てて鯛願ふわれな見せそ水葱《なぎ》の羹《あつもの》」
『万葉集』のこの一首を目にした時、無性に創りたくなった一品に、鯉と野蒜《のびる》の酢味噌和えがあります。以来、野蒜を大根おろしに混ぜて、向付《むこうづけ》の山葵《わさび》代りに、否《いな》、山葵の登場前には、これが正式であったかもと想いながら使ってみますと、山葵を使ったそれよりも魚の旨味が引き出されて、これぞ美味上品と、春の魚は野蒜大根おろしで食べることにしています。野蒜は雅味《がみ》、滋味《じみ》ともに葱《ねぎ》の追従を赦《ゆる》さない力があり、おそらくは葱族の長《おさ》であろうこと間違いなしと信じています。応神《おうじん》天皇の歌として、『古事記』に「いざ子ども野蒜摘みに蒜摘みに……」とあるのをみましても、上古の摘み草の風習を窺《うかが》い知ることが出来ます。

野蒜は葱の小型のような姿をしていますが、その葉はわりになよなよしていて、雑草にまぎれて生えているので、捜すのにひと苦労いたしますが、葱に似て臭気が強く、踏みつけたりすると特有の臭いが一面に漂いますので、目よりも臭いで見つけることが出来るようにも思えます。雑草をかき分けて、と言えばいかにも荒っぽく聞こえますが、せいぜい十センチから二十センチまでのこと、摘み草の風情を欠くような行為にはなりませんから、おもむろに、出来るだけ根に近いところから摘み取ります。根は球根で、いちだんと臭いが強く、ラッキョウを想わせますが、ラッキョウのそれよりも辛くて臭いものですから、食べるよりは次の芽の誕生に期待を寄せることにしています。

野蒜とは私が料理人となってからの馴染《なじ》みで、しかもその旨味を必要としての、言わば商業上の付合い程度で、子供の頃はその臭いが嫌でとても遊び友達になるどころではありませんでした。今はむしろ、癖《くせ》があっても味がある、そんな気概が解る歳になったのか、ただ美味しいものより、こんなものを求める自分に気づいております。

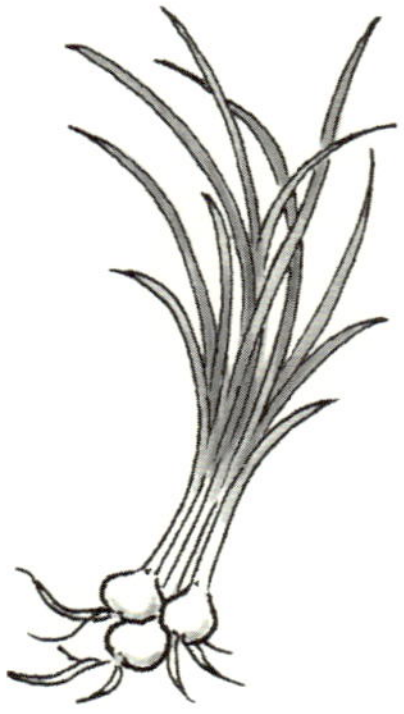

ユリ科の多年草。　別名＝ネビル、ヌビル
《特徴》各地の山野、土手などに生える。高さ30〜60センチ。地下にラッキョウに似た鱗茎《りんけい》があり、葉は細い長管状で三稜がある。匂いはネギに似る。5〜6月頃、花茎に紫色を帯びた白色花をつける。
《採取法》冬から春の、花の咲かない時に、全草を束ねて引き抜く。

準備　きれいに掃除して、水洗いする。

◆のびるてっぱい

②のびるは束ねて湯がき、ザルに上げて冷まし、3センチに切る。
②赤貝は殻から身をはずし、わた、ひもを取り、水洗いして細く切る。
③酢味噌を作り、①と②を和える。

◆のびる向付

①水洗いしたのびるは、小口切りにして細かくきざむ。
②鯛は水洗いして3枚におろし、腹骨を取って上身にし、へぎ造りにする。
③大根おろしを作り、巻簀《まきす》で軽く水分を取り、①を加えて混ぜ合わせる。
④鯛に③をからませて盛り付け、割醤油を注ぐ。

◆のびる胡麻酢和え

①のびるは湯がき、3センチに切る。
②鯵《あじ》は水洗いして3枚におろし、腹骨、中骨を取り、皮を引いて薄塩し、甘酢に漬けて、細造りにする。
③胡麻を煎り、擂り鉢で擂り、酢、醤油、みりん、出し汁、わさびで調味して、①と②を和える。

かんぞう

摘み草のよろこびは、萱草《かんぞう》に代表されると言ってよいほどです。萱草は、春一番に勢揃いする青い草です。お正月の向付《むこうづけ》のツマには欠かせない芽萱草《めかんぞう》が、ニョキニョキ土を割っては勢いよく天に向かって伸びています。春の香りはこの草から放たれているのではないかと思うくらいに、特有の佳い匂いがする草です。この草も雪の下でちょっと芽を出し、その上を親藪の枯草が被いかぶさっては、降り積る雪をささえて新芽を護っています。おめでたいお正月料理の一品に彩を添える大役を任せられるのもむべなるかなと、その姿のありさまに感心せずにはおれません。

新学年が始まって間もなくの、小学校の帰りには、道端にしゃがんで草を摘む見知らぬ婦人の姿をよく見かけたものでした。「おばさん、何してんのや」「クサトッテルヨ。ポン、トコマテユクカ」草を採っているが、ぼんはどこまで帰るのか、という意の外国訛《なま》りであることは、子供の私にもすぐ解り、それが聞きたくて婦人に声をかけるのが愉しみの一つになりました。

近年、韓国を訪ねた折りに、産婦人科医の友人に朝食に招かれました。美しい奥さんは、高松塚古墳の壁画に描かれた女性そっくり、しかもチョゴリの正装。二人のお子さんはいずれも礼儀正しく出迎えてくださいました。韓国では朝食をいちばん重んじていますと、山のような山海の珍味。玉《ぎょく》の碗に銀の箸、わらびやぜんまいと山菜、野草の種々《くさぐさ》を肴に、会話も山野を駆け巡り、韓国ではこれら種々は大切な宴《うたげ》に欠かせないものであることを知らされました。

小学生の頃に出逢ったあの婦人は、今頃きっとこの国のどこかで齢《よわい》を重ねておられるだろうことを想えば、枝垂柳《しだれやなぎ》の下に佇《たたず》んでいる、真白い御髪《おぐし》をキュッと結わえて、白いチョゴリ姿の温厚な老婦人が、萱草を摘んでいたおばさんに思えて、声をかけたくて仕方ありませんでした。

ユリ科の多年草。 正称＝ヤブカンゾウ 別名＝ワスレグサ、カンゾウナ、ケンゾウ
《特徴》 原野や林縁に生える。高さ約70～80センチで、地下に短い根茎がある。葉は狭長、2列になって束生し、上部は湾曲している。夏、ユリに似た橙赤《とうせき》色の八重咲きの花を開き、一日ですぼむ。仲間に一重のカンゾウがある。
《採取法》 春に若苗、夏に蕾《つぼみ》と花を摘む。

準備　掃除をして、色よくサッと湯がき、冷水に取り、切り揃えておく。

◆かんぞう酢の物

①さよりは3枚におろし、腹骨を取り、薄塩をしてしばらく置き、甘酢に漬けて、やや太めの細造りにする。
②針生姜を作り、水に晒しておく。
③準備したかんぞう、さより、水気を切った針生姜を三杯酢で和えて盛り付ける。

◆かんぞう酢味噌和え

①田舎味噌に砂糖と煎り胡麻をたっぷり加え、酢を入れてよく擂り合わせる。
②準備したかんぞうを①で和え、盛り付ける。

◆かんぞう味噌漬

①粗《あら》味噌を煮切った酒でのばす。
②バットのようなやや平たい容器に①の半分の量を入れてのばし、ガーゼを敷いて、準備したかんぞうを並べ、残りの①を覆うようにのせて広げる。
③約3時間置いたものを取り出して盛り付ける。

せり

京野菜の仲間にも芹《せり》がありますが、これは水芹であって、水の中で長い足を伸ばしています。私の申します芹は、俗に言う田芹や野芹のことで、野菜として親しまれている芹ではありません。

山里に射す陽の光がポカポカと暖かく感じられる頃になりますと、春の土用がまいります。この日、種蒔《ま》きをするために、農家では一斉に苗代《いなしろ》作りをいたしますが、代掻《しろか》きといって、固い田圃《たんぼ》の土をこなして水を張り、苗床としての準備が進んでまいりますと、何処からともなく蛙《かえる》がたくさん集まってきて、ゲロゲロの大合唱が始まります。「うるさいなあもう、ええ加減にせんかいな」と、蛙の情事、いや事情が解らんでもないが、ちょっと喧《やかま》しすぎると、蛙集落に苦情を申し込み、踵《きびす》を返して戻ろうと、目を落とせば、そこは田芹の行列です。背こそ低いけれど、よく太った田芹は雪の下でしっかり根を張っていただけに、たくましい息吹が聞こえてくるようです。すっかり蛙のことを忘れてしまって、田芹を摘んで田を離れること瞬時にして、また蛙が騒ぎ出す。今度は蛙の頭目に直接交渉してやろう(そんなもん判るかいな)と、くだらない納得が出来るのも、手にいっぱいの芹のお陰、香りの高さは田芹がいちばん、細かく刻んで汁に浮かせば、身も心も春爛漫《らんまん》、まさしく春を満喫の心地です。

蓮月《れんげつ》の歌に残り苗というのがあります。「うちわたすくろの小河にながるるやとりあまりたる早苗なるらん」苗代で育った苗がそれぞれの田圃に移され、田植えの終わった苗代の様子を、これほどまでに詠みあげた歌はないでしょう。そんな時期には田芹は固くなり、野芹が食べ頃となります。雑草に護られて伸びてゆく野芹は、背丈二十センチにもなって、なお軟らかく、量もたっぷりと、美味しく、春と言うより、初夏の野の恵みでもありましょう。

セリ科の多年草。　別名＝タゼリ、ミズゼリ

《特徴》各地の田の縁、湿地、溝、細い流れなどに群生する。高さ約30センチ。泥中に白色の匍匐枝《ほふくし》を伸ばして繁殖する。若葉には特有の香りがある。夏、花茎を出し、白色の小花をつける。春の七草の一つ。毒を持つ太めのセリがあるので要注意。

《採取法》春から夏に、茎と葉を摘み取る。

準備　ごみを取り、よく水洗いする。

◆あいなめ揚出し せりあんかけ

①せりは束ねてサッと湯がき、5ミリの小口切りにする。花びら独活《うど》を作り、湯がいておく。
②あいなめは鱗《うろこ》を取り、水洗いして3枚におろし、中骨、小骨を抜き取り、骨切りをして薄塩をし、片栗粉をまぶし、油で揚げる。
③吸地を葛あん仕立にして、①のせりを入れる。
④揚げたての②を盛り、③を張り、花びら独活を散らす。

◆せり御飯

①せりを束ねて湯がき、細かくきざむ。
②蜆《しじみ》を昆布出しで茹で、身を取り出す。茹で汁は漉しておく。針生姜を作る。
③蜆の茹で汁に塩、淡口醤油、酒、みりんを加えて味をととのえ、蜆のむき身と針生姜を入れて御飯を炊き、炊き上がりに①を混ぜる。

◆せりぬか漬

①ぬか床に、準備したせりを束ねて4時間くらい漬け込む。

よめな

「菜めし・田楽」という春の馳走を覚えたのは、まだ料理人として身を立てる思いも定めぬ（望んではいましたが）前のことでしたが、食べ物の相性をこれほどリズミカルなタッチで知ったのは初めてでした。母に頼み込み、嫁菜《よめな》めしと豆腐の田楽を作って貰い、あつあつの両方を交互に口にほうり込んだ時の感激は喩《たと》えようなく、その絶妙な味は舌妙《ぜつみょう》と化し、まさしく食べ物の妙のとりこになるに、いささかの時も要さずでした。料理人への憧《あこが》れはひとしおとなり、嫁菜への関心もつのるばかり、嫁菜を見つめてみますと、自生の環境のよいことに驚かされます。スミレやタンポポの花に囲まれてこの世の春を謳歌《おうか》し、夏は涼し気に青々と葉に朝露を受けて立ち、秋には可憐な花が雅風をほしいままにして、野菊となるのです。あの薄紫の花と深緑から、幾分黄ばんだ茎や葉を観ていますと、「やはりこれは嫁菜やなあ」と、見事な命名に感心するばかりです。

「酢のすぎた嫁菜の果は野菊かな　許六」との句を何かの本で読み、記憶に留めていますのも、因縁浅からぬ嫁菜ならではのこと。「うちの嫁はんは今、どの辺りどっしゃろ、夏の終りやろか、否《いな》、もうぼつぼつ初秋を迎えるのやないやろか、ええ花をつけてくれるやろか」などと、足早やにやって来る老年の門を目敏《めざと》く眺めながらの今日、銀婚の節目も過ぎて、互いて進みゆく眼鏡の度数を案じ、近頃の印刷物は未だ小さくて困る、などとつぶやき合う己《おの》が様《さま》に気づき、とても野菊など望める話とは悟るものの、やはり女性《おんな》はかくあってほしい、とすると、男性《おとこ》は何時《いつ》までも青々と伸びている竹のようにあらねばならんのだろうかと、傍《かたわ》らの古女房は野菊まがいに目をやれば、コックリとうなずく。「そんなもんやろなあ」と感じ入ったとたんに、またコックリ。なんのこっちゃ、寝たはりますがな。料理屋いうのは疲れる仕事です。

キク科の多年草。別名＝ヨメハギ、ウハギ、オハギ、ノギク
《特徴》山野、耕作地の少し湿気がある所に生える。地下茎で繁殖。茎は芽立ちでは赤みが強く、伸びると50～60センチほどの高さになり、緑色となる。葉は互生。初秋に淡紫色の頭花が咲く。古来各地で食用とされたため、別名が多い。
《採取法》春に若芽、若葉を摘む。

準備　掃除して湯がき、冷水に取る。

◆よめな玉子とじ

①よめなは軸の固い部分を切り捨てて湯がき、冷水に取り、水気を布巾で取り去る。
②鶏肉は2センチくらいの角にへぎ切りして、酒、出し汁、淡口醤油、みりんで煮る。
③煮上がったら、①をたっぷり散らし、溶き卵を流し入れてとじる。

◆よめなめし

①準備したよめなをよく絞り、細かくきざみ、塩、淡口醤油を合わせた出し汁に浸す。
②炊き上がった御飯に①を軽く絞って入れ、杓子で切るように手早く混ぜ合わせる。塩で味を加減する。

◆よめな胡麻和え

①準備したよめなは水気を切り、長さを切り揃える。
②もやしは白い部分を切り揃え、サッと湯がいて水気を取る。
③椎茸は炭火で焼き、適当な大きさにきざむ。
④当り胡麻、①、②、③を淡口醤油、出し汁で和える。

たんぽぽ

黄色い花をつけて春の野に咲く可憐な草と言えば、誰もが想い浮かべる蒲公英《たんぽぽ》は、細い管のような茎の上に花をつけます。花が終わると、綿菓子のようにふわふわした球状になり、風に乗って空中にゆうらりゆうらりと飛んでいます。子供の頃はこれが面白く、自分もこんな具合に飛べたらなあと、うらやましさも手伝って、茎から折って手に持って、走り廻って遊んでいますと、よく大人たちに「それが耳に入ったら、耳が聞こえなくなるでぇ」と、叱られました。それでも止められず、今になって多少の難聴を意識いたします折りに触れ、そんな日々が想い出されます。

谷川の岩肌にへばりついては、蒲公英の茎を使ってせせらぎの水を飲むのも楽しいひとときでした。管を伝って吸い上げられる水は甘く、時にはこの吸水管ごと食べてしまうこともありました。ほのかに甘い風味と歯ざわりの心地よさは忘れがたく、この季節にお茶事《ちゃじ》などさせて貰いますと、梅肉とともに箸洗《はしあら》いに仕立てて、喜んでいただいております。

蒲公英の茎とともに忘れられないものに、すすきの若葉の芯があります。すすきの株の真ん中をシュッと抜きますと、先に白く軟らかい部分があって、黒い粉状のものがついているのを、そのまま口に入れ喰いちぎります。夜露を舐《な》めたような淡白な旨味が舌に心に伝わってきます。これも私の箸洗いには欠かせぬ材料となっています。

蒲公英の食用の部分は何と申しましても若い葉で、これこそ味わい深いものです。花をつけるようになっては、この葉の風味は半減します。ほろ苦味があってこその春の味わいと、あく出しは慎重に、ほどよい苦味を残すことを心がけて気出《けだ》しをします。蒲公英は蓬《よもぎ》とともに春の風味の王者でありましょう。そこに、よい酒が到来でもすれば、まさに心は春爛漫《らんまん》、これほど結構な倖《しあわ》せはありません。

キク科タンポポ属の総称。　別名＝タンポ
《特徴》　野原や道端に生える多年草。早春に根生葉を多くロゼット状に出す。葉は倒披針《とうひしん》で、羽状に深裂。3〜4月頃、白色あるいは黄色の頭花をつける。花が咲いたあと、白色の冠毛《かんもう》を持つ痩果《そうか》は、風で四方へ運ばれて繁殖する。
《採取法》　春に若菜、花を摘み取る。根も春に掘る。

準備　きれいにごみを取り、水洗いする。

◆たんぽぽ淡雪揚げ

①たんぽぽは布巾で水気を取り、葉の裏側にほぐした卵白をつけてから片栗粉をつけ、油で揚げる。
②いさざは水洗いし、布巾で水気を取り、米粉をまぶして、から揚げにする。①とともに形よく盛り付け、ふり塩をする。

◆たんぽぽ白和え

①準備したたんぽぽを湯がき、水に晒してアク抜きし、水気を切る。
②豆腐は水気を切り、裏漉しして擂り鉢で擂り、白味噌、砂糖、塩で味をととのえる。
③鶏笹身はサッと湯がき、冷水に取って布巾で水気を取り去り、2センチくらいの小口切りとする。
④たんぽぽと鶏笹身を②で和える。

◆たんぽぽ ちりめんじゃこから煮

①たんぽぽはアク抜きし、固く絞る。
②酒、濃口醤油、砂糖を合わせて煮立ったところにちりめんじゃこを入れ、煮詰まる直前に①を入れ、炒り煮して仕上げる。

よもぎ

端午《たんご》の節句は五月五日と決まっていますが、この山里ではまだ春の最中《さなか》、「蓬《よもぎ》が小そうて節句がでけへん」というので、六月、いわゆる旧暦がやっぱり季節に合《お》うてるのやと、田植えが終わった頃に、男の節句がまいります。

蓬を菖蒲《しょうぶ》の葉と一緒に束ねて屋根に挿したり、お風呂の湯船に浮かべたり、常《つね》の日には父親が一番風呂と決まっているのに、この日ばかりは「男の子やさかいに……」と一番風呂に入れられるのが、我が家の習わしでした。ところが私はこの風呂に入ると、蓬と菖蒲の匂いに負けて酔うてしまい「頭がフラフラや」と上がって来ますと、必ず「そんな弱い男でどうすんのや」と叱られるばかりで、これが今もって一番風呂の苦手な由縁《ゆえん》かと思っています。

刀の姿に似た菖蒲と、薬草の長《おさ》とも言える蓬とが、仲よくセットされて男子の祭りを司《つかさど》っているのはなぜなのか。そういえば、やんちゃ盛りの日に、柱に頭をぶっつけて血を流し、腹立ちまぎれにその柱の角をナイフで削っているところを父親に見つかり、びっくりしたとたんに手を切って、頭から、手からと血を流しつつ「コラッ、罰《ばち》があたったんや」との叱声を受けて、泣いていましたが、その時、傷の手当てに使われたのが、確か蓬の葉ではなかったか。血止めの蓬と刀の菖蒲は、楯《たて》と剣に他ならず、まさに武士道を象徴するものでありましょう。いわんや、この二つを持ち合わせてこその慈悲の精神。男の子を育てる手段であることを知ったのは大人になってからのことでした。

祖先が私たちに何をか語らんと、さまざまの風習を残してくれた、その真意が何となく解るような気がして、なるべく迷信だとか根拠がないとか考えないで、これらの事柄が持つ意味を探り当てるべく努力することが大切ではなかろうかと、古くさい爺になることを愉しんでは、蓬に想いを馳せています。

キク科の多年草。　別名＝モチグサ、ツクロイグサ、ホウコウ
《特徴》　野原、土手、道端などに生える。高さ50センチから1メートル。葉は互生し、表面は緑色、裏面は白毛が密生していて白く、羽状に切れ込んでいる。夏から秋に、淡褐色の小形の頭花を多数つける。葉に特有の香りがある。
《採取法》　早春に若芽を指で摘む。小刀を使ってもよい。

準備　きれいに掃除して、灰を入れた湯で湯がき、よく水洗いして固く絞る。

◆**煮物椀**

① よもぎはきざんで、裏漉しする。鍋に出し汁で溶いた葛とよもぎを入れて火にかけ、塩少々で味付けして練り上げ、流し缶で冷やし固め、形よく切る。
② 車海老は頭、尾、背わたを取り、軽く蒸して皮をむく。針うどを作り、水に晒す。
③ 吸地を作り、①と車海老を温める。
④ ③を盛り付け、針うどを添え、汁を張り、木の芽をのせる。

◆**精進椀**

① よもぎは細かくきざみ、裏漉しして、冷めた吸地でのばす。
② じゃがいもは皮をむき、おろし金で摺り、軽く絞り、塩少々で味付けして団子にして蒸し、冷めてから椀に入れ、①を注ぐ。

◆**よもぎ麩味噌汁**

① 出し汁に白味噌を加えて漉す。
② 別鍋に①を少し入れ、よもぎ麩と姫竹を温めて椀に盛り、①を注いで、とき辛子を落とす。

のにんじん

春の終わりの頃になると、真白な花の群生があちこちに見られますが、これが野人参《のにんじん》であると知ったのは、植物の図鑑によってのことでした。花だ、花だと思っていましたら、若いうちは食べられると書いてありました。早速試してみましたら、まさしく野に生えた人参そのもの、香りといい、味といい、否《いな》、むしろあの人参の葉よりは数段上の優れ者と、すっかりとりこになりました。野菜として馴染《なじ》みのある人参は、根菜としての評価はともかくとして、葉に至っては、どんなに栄養価を説かれてみても、どんなに味つけに努力を払われても、美味しいと思ったことは一度もなく、「こんな馬喰《うまく》わないもんを、馬の好物と聞くけどほんまやろか」などと、馬を哀《あわ》れんだこともあるくらい、人参には悪いが、全く好きになれずにいます。野人参の旬に当りますと、それこそ下手な調理は不要であって、醤油ポトリでほんとうに旨い野草で、馬には知られたくない、知られては困る逸品だと、密《ひそ》かにしています。

美山荘の川べりには、野人参の群生地があって、芽が出たての頃には、緑の絨毯《じゅうたん》を敷きつめたように美しく、その中に分け入って野人参の若芽を摘んで来るのですが、手折るごとに、プーンと独得の香りが立ち昇り、摘み人に昂《たかぶ》りさえ覚えさせる、のどかな春のエッセンスが満ちます。摘んでも次から次に新芽を出しますのも都合よく、割合永い間食膳を賑わしてくれる重宝な野草でもあります。根は野菜の人参と違って、どちらかと言えば朝鮮人参に似ていますが、薬効のほうは未《いま》だ知らずに大切に保護しています。

友人の植木屋の主人が曰《いわ》く、「植木屋の勘定は値(根)切ったら枯れる。端(葉)は切ってもええ」これは格言だと、以来植木屋と植物は扱いを等しくし、野人参の花も、高嶺ならぬ高値の花と心得ての美しさと信じております。

セリ科の三年草。正称＝ヤマニンジン　別名＝シラカワボウフウ、シャク、コシャク、サク

《特徴》本州の中部以西の山地や山道のきわに生える。高さ1メートル内外。直根性で、茎は直立する。葉は互生し、やわらかくてニンジンに似る。6〜7月頃、白花を複散形花序《ふくさんけいかじょ》につける。

《採取法》早春に、若芽を摘む。高さ20センチ内外でも、十分に食べられる。

準備　ごみを取り、水洗いする。

◆のにんじん和物

①のにんじんは束ねて湯がき、冷水に取り、絞って3センチくらいに切り揃える。
②椎茸は炭火で焼き、細く切る。
③胡麻を煎り、擂り鉢でよく擂ったところに①と②を混ぜ合わせ、淡口醤油で味付けする。
④器に盛り、天盛りに胡麻をかける。

◆のにんじん酢の物

①のにんじんは束ねて湯がき、冷水に取り、絞って3センチくらいに切り揃える。
②湯がいた筍を幅1センチ、長さ3センチの大きさにきざむ。
③色つやのよいイクラと、①、②を混ぜ合わせ、三杯酢で調味する。

◆のにんじん 白魚から揚げ

①準備したのにんじんは乾いた布巾で水気を取っておく。しらうおは米粉をまぶす。
②のにんじんとしらうおを良質の油で色よく揚げる。
③輪切りしたレモンをさらに放射状に切り、②を盛り付けて散らす。

くさそてつ

「アッ、もう芽を出してる」すっとんきょうな声をあげて、車窓から杉林の中を指さす、地元のおばあさん。バス停でバスの来るのを待っている所へ、私が通りかかったので乗って貰い、一緒に町に出ることになった次第。市中までの一時間余りの道程は、ともすれば退屈で、黙々とハンドルを動かすばかり。山道にあっては、ラジオから流れる早いテンポの音楽も似合わず、ついつい目だけで景色を追い、樹々の葉の様子や草花の顔色を眺めては、季節の移ろいを知ろうと求めている自分に気づくことがありますが、眺めているだけでは解らないこともたくさんあります。

土地の古老は、智恵者《ちえもの》で、なかなか恐ろしい存在です。黙ってニコニコしていても、身体《なか》に秘めた豊かな体験の一片も窺《うかが》い知ることが出来ず、かといって、訪ねて教えを乞《こ》うまでの大層なテーマも持ち合わせていない私としては、世間噺《ばなし》で茶をすする暇《いとま》などもってのほか。されど、こうして車中の人となれば、乗せて貰った負い目からか、サービス精神が旺盛になり、いろんなことを教えて下さる。

「あのな、何さん」私の名前が咄嗟《とっさ》に出てこないらしい。「あれは何《なん》ちゅう草やったかいなあ」「正式にはクサソテツ、東北のほうではコゴミと言うそうどすなあ」会話を続けているうちに、雲の流れを見て天気を予想する方法や、山菜のたくさん生えている場所や、山で迷わないコツなど、教えて下さる。私にとっては唯一の機会であり、楽しいひとときでもあります。

草蘇鉄《くさそてつ》が春の草ではいちばんアクがなくて、ちょっと湯がいて醤油を滴《た》らすだけで、もう美味しい。花鰹でもかければ、酒の肴の逸品だと話しておられた。そして、重ねて、「戦争中は鰹なんて夢の夢、ろくな調味料もない時分どっしゃろ、そやけどあれは旨かったなあ」つぶやくように言われた言葉が、今も心の奥深く焼きついて離れません。

ウラボシ科の多年草。　別名＝コゴミ、ガンソク、コゴメ、ホンコゴミ
《特徴》各地の山野の林の中に生える。落葉性で、春に栄養葉が出て、秋に胞子葉《ほうしよう》が中心部から出る。若葉は、ワラビやゼンマイのように先を巻いた形で伸び出す。丈は1メートル内外。鮮緑色を呈した端正な羽状葉で、30～40対の羽片を生じる。
《採取法》4～5月頃、巻いた若葉の先を摘む。

準備　ごみを取り、水洗いして湯がき、冷水に取り、水気を切る。

◆鰹たたき　くさそてつ　生姜添え

①くさそてつは4センチに切り揃え、淡口醤油、出し汁に浸す。
②鰹は3枚におろし、腹骨、中骨を取り、直火で焼き、冷水に取り、造り身にする。
③針生姜を作り、水に晒す。
④鰹を盛り付け、①を散らし、割醤油をかけ、③をたっぷり添える。

◆くさそてつ和物

①くさそてつは淡口醤油、出し汁に浸す。
②塩漬の粒うに（市販の瓶詰）に白味噌を加え、酒でのばす。
③汁気を軽く切った①を盛り付け、②をたっぷりかける。

◆くさそてつ浸し物

①くさそてつは2センチに切り揃え、淡口醤油、出し汁に浸す。
②芽いもは大根おろしを入れた湯で白く茹で、①と同寸に切る。
③黒胡麻を煎って切り胡麻にし、①と②を混ぜ、淡口醤油、出し汁でお浸しにする。

すかんぽ

憧《あこが》れて料理人になりましたが、私の師匠は母親であって、プロの料理人について虎の巻を伝授されたとか、厳しい修業の結果会得《えとく》したとかいう道を歩んだわけではありません。そんな私も、十年経ちました時に、それまでの素人《しろうと》意識を捨てることにしました。好きなことを生《なり》業《わい》といたします限り、素人では具合が悪い、はっきりとプロであり、プロに徹することがお客様への礼儀と考えるに及び、十年間素人の私を支えて下さったご贔屓《ひいき》のご鴻《こう》恩《おん》に報いるには、本当のプロにならねばならぬと決意はいたしましたものの、十一年目だからといって、そう簡単に飛躍するものでもありません。母に習った料理に尾鰭《おひれ》をつけての工夫の連日は、時に、献立を考えると腹が痛く、胸が苦しくなることもあって、頭が痛いなどと生易《なまやさ》しいものではなく、まさに苦痛の連続でしたが、そんな思いで一品考えますと、必ずお客様のお褒《ほ》めを頂戴する悦びを知ることとなり、工夫することが苦痛から愉しみに変わってまいりました。

子供の頃、ままごとの菜にして遊んだスカンポは、葉が野菜のホウレン草にそっくりなところから、その頃流行《はやり》の漫画にあったポパイを真似て、ホウレン草のお浸しを食べた心地で腕を曲げては、「ポパイになった、ポパイになった」と喜んだものですが、味のほうは酸味が強く、少しは甘味も感じるものの、美味しいというようなものではありません。それでも、少し塩を振りかけて暫《しばら》く握っていますと、即席の酢の物が出来て、焼魚の口直し程度ならば、むしろ手の込んだものより自然の香りもあって、私は好きです。ちょっと大きくなりますと、小さな穂を出しますので、これを向付《むこうづけ》のツマにも使います。口中が爽やかになって、次の料理を引き立てること請合いでしょう。

不便な山里ならではの自然の恵みは、工夫次第で適材適所の智恵を授けてくれるものです。

タデ科の多年草。　正称＝スイバ　別名＝スカンポウ　古名＝スシ
《特徴》各地の原野、土手にふつうに見られ、群生する。雌雄異株。茎は直立して、高さ50〜80センチになり、細長い円柱形で緑色、通常紅紫色を帯び、葉とともに蓚酸《しゅうさん》を多く含むため強い酸味がある。初夏に茎の先が分枝し、淡緑色の小花が円錐形の花穂となってつく。
《採取法》春に、若い茎、若菜を摘む。

準備　きれいに水洗いする。

◆すかんぽ即席漬

①すかんぽのやわらかい部分を選んでよく洗い、水気を切る。
②ボールに①を入れて塩をふり、手でキュッ、キュッともむ。
③色が濃くなり、しんなりとなれば出来上がり。もみ汁を絞って、盛り付ける。

◆すかんぽぬか漬け

①準備したすかんぽは束ねておく。
②ぬか床に、ガーゼで包んだ①を、４時間ほど漬け込む。
③すかんぽを取り出し、適当に切って盛り付ける。

◆すかんぽ昆布押し

①すかんぽは軸の部分だけを選び、さっと湯がき、水に晒したのち水気を取り去っておく。
②昆布は濡れ布巾で拭き、砂やごみを取り去る。
③容器に昆布を敷き、①を並べた上にまた昆布をのせ、重しをかけて1時間くらい置いておく。
④食べ頃になったら、適当に切って盛り付ける。

あさつき

「こんな葱《ねぎ》の子供みたいな物《もん》を、なんでアサツキ言《ちゅ》うのんや」と、野暮《やぼ》な質問をいたしましたら、「ボン（私のこと）のなあ、オチンチンが大きいなって腹《おなか》を突くのや」何のことやらさっぱり解らないままに聞いていましたが、そのうちアサツキを食べずとも、聞き及ぶところの現象に見舞われることとなって、なるほど、と頷《うなず》けることとなりましても、野蒜《のびる》との区別がつきがたく、特に小さな姿の時は、どっちが野蒜で、どっちが浅葱《あさつき》なのか判りません。大きくなるに伴い、野蒜は角《かど》が出てきますが、浅葱は葱と同じく、大きくなっても丸いままです。野蒜よりも浅葱のほうが遅くまで軟らかく食べることが出来ます。やっぱり若さを保つ秘訣を知ってのことでしょうか、こうして永く食用を叶《かな》えてくれますので、川魚が太って美味しくなる頃まで愉しめます。

冬、冷たい水の中で、沈んだ木の葉に隠れて過ごす川の魚も、雪解け水に木の葉は流れ、春の訪れを知るのでしょうか。水ぬるむ頃ともなりますと虫たちも動き出し、川面に遊んでは彼等の餌《さかな》になります。空腹のために痩《や》せこけた身体《からだ》にぼつぼつ光をおびてくるのもこの頃。日ごとに美味しくなってきます。川魚はほどよく脂がのり、浅葱との相性もこの上なきもの。浅葱特有の臭味や、魚の生臭さも、味噌が、大根が取り去ってくれます。物の相性の織《お》りなす妙《たえ》、何とも素晴らしいものと感心せずにはおれません。先人が遺《のこ》してくれた生活の智恵、これが文化だと思います。

浅葱の根も食べられますが、やはり根は大切に置いておきたいものです。〝根こそぎ〟という言葉どおり、そっくり全部採ってしまうのは、摘むとは申しません。明日を大切に思う心があってこそ、自然の恵みを享受する資格があるというもの。優しさに欠けては、アサツキも顔色なし。どんなに強くても逞《たくま》しくても、優しくあることを願います。

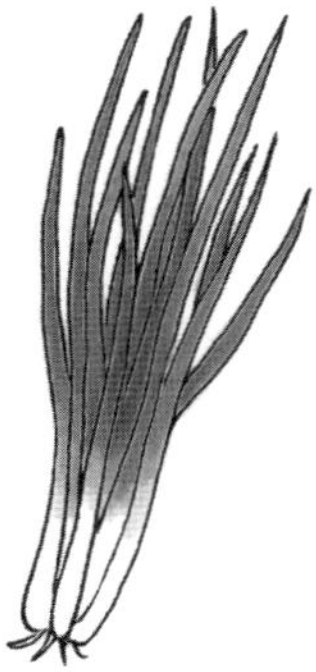

ユリ科の多年草。地上部は一年草。　別名＝イトネギ、キモト、ウシッビル、アサヅキ
《特徴》山地や海岸沿いに生え、特に日本海側に多い。鱗茎《りんけい》から細い円柱の茎を直立させ、高さ約40センチ。葉と茎は淡緑色。5～6月頃、茎頂に紅紫色の小花を半球状に開く。
《採取法》春から初夏に、鱗茎は掘り取り、葉、花茎、蕾《つぼみ》は摘むか切り取る。

準備　きれいに掃除して水洗いし、束ねて色よく湯がき、ザルに上げて冷ます。

◆あさつき 牛肉巻き

①あさつきは布巾で水気を取る。巻簀《まきす》に薄切りの牛肉を並べ、芯にあさつきを入れて固く巻く。
②フライパンで焼き、酒、砂糖、濃口醤油で味付けする。
③小口から頃合の大きさに切り、盛り付けて粉山椒をふる。

◆煮物椀

①あさつきは5センチに切る。
②鯛は適当に切り、酒蒸しとする。椎茸は庖丁して焼く。花びら独活《うど》を作り、湯がく。
③吸地を作る。
④あさつき、鯛、椎茸を温めて盛り付け、③を注ぎ、花びら独活を添え、生姜の絞り汁を落とす。

◆あさつき酢味噌和え

①あさつきはよく絞り、3センチに切り揃える。
②こんにゃくは薄くへぎ、細くきざみ、熱湯に通す。
③田舎味噌を砂糖とみりんでのばして、①と②を和える。

さくら

京都の四月二十二日、桜がまだ咲いていない場所《ところ》なんてあるのですか、と誰もが信じてはくれませんが、庭に早咲きの桜の木が一本あって、うまい具合に私の誕生日に間に合うように花を開いてくれました。桜の下に茣蓙《ござ》を敷いて近所の子供を招き、巻すしやばらすしで祝ってくれた母の馳走は格別のものでした。それは今も舌に心に、鮮明に残っております。四月も中旬《なかば》を過ぎると、桜の開花が気になって、毎朝様子を見に行きます。「おかあちゃん、僕の誕生日までに花が咲くやろか」「賢《かしこ》うしてたら、そら、咲くわいなあ」こんな会話から始まる恒例の行事も、して貰いっぱなしでお返しなし、何とも汗顔の次第。因《ちな》みに、その頃は終戦も間もなくの頃で、食糧難の時代とあっては参籠《さんろう》の人もなく、父親は転職をして材木商をやっていましたので、長閑《のど》かな春の季節を味わうことが出来ました。

私どもの子育ての頃は、「春ともなれば是非のお越しを……」との賀状の添え書きに、冬眠生活を労《ねぎ》らいつつお越し下さるお客様がひきもきらず、子供の誕生日どころではございませぬ。もっとも、四月生まれの子供がないこともありますが、こんなよい想い出を創ってもやれないままに、一度も桜の下に座すことなく、三人の子等は成人してしまいました。

こんな想い出があるからなのでしょうか、桜が好きで、若い頃から五百本ほどの里桜を植樹して、今は亡き小林秀雄先生に「桜は山桜でなきゃいかん」と、大和心《やまとごころ》を説き聞かされるに及び、三百本の山桜を植えましたが、小さな苗でしたので、なかなか大きくなってくれません。孫が出来たら、山桜の下に茣蓙を敷き、この時代巻すしでは母の恩にも報えませぬゆえ、蒔絵《まきえ》のお重に先人が教えの心づくしを詰めて、大和心でも説き聞かせようほどに……と願ってはおりますが、さて桜のこと、意のままに叶いますやら。

バラ科サクラ属の総称。
《特徴》落葉高木。中国大陸、ヒマラヤにも数種が知られ、わが国に最も種類が多く、国花とされている。香り高い花や葉、果実は食用として利用され、樹皮を薬用とする。
《採取法》桜餅には、オオシマザクラの若葉を塩漬けにして用いる。桜湯には、八重咲きの花を塩漬にして用いる。果実は初夏に生食または果実酒とする。

準備　塩漬のさくらの花は水で戻し、2〜3回水を替えて塩抜きする。さくらんぼは水洗いして、布巾で水気を取る。

◆さくらんぼ酒

①準備したさくらんぼと同量のホワイトリカーに氷砂糖2割を加え、漬け込む。3年間冷暗所に置く。

◆煮物椀

①あいなめは鱗《うろこ》をすき引きにして取る。皮目の上身をへぎ造りの要領で骨切りし、薄塩して5分ほど置き、熱湯でサッと湯がき、冷水に取る。
②あいなめを椀盛りし、準備したさくらの花を添え、吸地を張って、上に木の芽をのせる。

◆さくら白和え

①えんどう豆は湯がいて、冷風を当てて冷ます。
②豆腐を水切りして裏漉しにかけ、白味噌を少し加え、擂り鉢でよく擂る。砂糖、塩、淡口醤油少々で味をととのえる。
③準備したさくらの花とえんどう豆を②で和える。

かたくり

幼児期の自分の写真を見ますと、何とも不細工《ぶさいく》な体形をしています。腹《おなか》ばかり突き出して、手足が細く、目はギョロギョロ。体躯《からだ》が弱くて、普通《なみ》の食べ物は受けつけず、卵や肉を好んで食べる友人とはえらい違いで、ずいぶん母を悩ませたことは、友人の母堂の、「あんたなあ、お母さん大切にせなあきまへんでぇ、あんたを育てるのにどんなに苦労しやはったことか」と説き聞かされ、この言葉は詩のように身に浸みてありがたく心に残っています。

母が作ってくれた片栗は、半透明でちょっと甘味をきかせ、どろっとほどよく練り込まれ、その温もりはタップリとした椀から掌《てのひら》を通して身体の芯まで伝わってきます。「芯から温まる」と言いますが、まさにそれ、湯気が運ぶ香りは極めて上品なもので、今流行《はやり》のエスニックとは雲泥の差があって、その味は甘露の如《ごと》しと、まあ仏さんになりかかって育った人間の言うことと、お笑いになるかもしれませんが、私には片栗は葛とともに大切な命の恩人です。

ある日、ご贔屓《ひいき》のお方から「あんたのところが載ってます」と、一冊の本を頂戴しました。足田輝一先生の「雑木林の詩」の一節に、「美山荘の大振りの椀に片栗の花が」云々と、煮物椀のことが書かれています。本当にびっくりしました。片栗は近在の野辺や山中ではまだ見かけたこともなく、たまたま鉢植えの一輪を摘んで差し上げたものが、お人に知られるところとなり、今では欠かせぬ季節のものの一つとなりました。一所懸命に株を殖やす努力もしておりますが、何しろ、いじめる頻度が強くてままなりません。花も、茎も、根も、美しくて美味しいものですが、如何《いか》に自分で育て殖やしたものとは言え、この根の粉で育てられた私にとっては、そうは簡単に土から離す気持ちになれずにおりますが、有る所にはたくさん有るそうで、近頃は市場などにも時折りは、顔を出すようになりました。

ユリ科の多年草。　別名＝カタカゴ、カタコ、ユリイモ、ゲンゴバ

《特徴》　明るい林下に生える。地中の根茎の先から長さ4センチ内外の白色の鱗茎《りんけい》が立ち上がる。早春、高さ15センチほどの花茎1本と一対の葉を出す。紫紅色で鋭くそり返った花1個をつける。初夏には、葉は枯れて消える。

《採取法》　春に葉と花を摘む。鱗茎は年中採取出来る。

準備　土やごみを取り、水洗いする。

◆八寸

①かたくりの根は塩蒸しとする。
②ごりは酒、濃口醤油、みりんを合わせた煮汁を煮立てたところへ入れ、何回もアクをすくい、実山椒を入れ、紙蓋《かみぶた》をして煮る。
③かたくりとごりを形よく盛り付ける。

◆かたくり味噌汁

①かたくりの根は蒸す。水前寺海苔は1時間くらい水に漬けて戻し、二番出しに浸しておく。
②出し汁に白味噌を溶き入れ、すいのうで漉す。
③かたくりと水前寺海苔を盛り、②を張り、とき辛子を落とす。

◆かたくり梅肉和え

①かたくりの根は蒸す。一寸豆は湯がいて塩をふり、冷風に当てて素早く冷やし、皮をむいておく。
②梅干しの種を取り、梅肉を裏漉しして、砂糖、淡口醤油で味をととのえる。
③かたくりと一寸豆を②で和える。

とりあしょうま

「お母さん、採ってきましたぜぇ、鳥足升麻《とりあししょうま》を。ほうっ、見なはれ」「何やこれ、岩ダラやおまへんか」「何が岩ダラどす。どうせ言うなら、……こりゃあ、どう見ても棒ダラどすなあ」との会話は、母にとって三人の内孫たちが全部、小学校に上がったある春の日溜りの中でのこと。鳥足升麻が岩ダラと呼ばれて、母の子供の頃には食べられていたことを、この時、初めて聞かされました。蕾《つぼみ》の食用に叶う頃の鳥足升麻は、楤木《たらのき》の芽を小さくしたような姿をしているところから岩ダラと呼ばれているようですが、これが少し大きくなりますと、鳥の足を逆さにしたような姿になります。「まあ、ほんまに鳥足やなあ」と感心せずにはおれません。

山にはいろいろな草花が咲いています。春から秋にかけての自然の恵みは、食用の種々《くさぐさ》に限らず、その時季にふさわしい彩で装う自然の面《おもて》は、草花に代表されると言っても過言ではないでしょう。いわゆる茶花《ちゃばな》と称されて数寄者《すきしゃ》に愛好される侘《わ》びた花も、やはり自然の恵みです。いろいろ咲いている花の中でも、比較的ボリュームがあって、純白の穂のような鳥足升麻の花は、フワーッと天を仰ぐが如《ごと》く立ち、その葉はまるで鳥が羽をいっぱいに拡げたように横に伸びて、ユーラリ、ユーラリと風になびいています。偉いものだと思いますのは、如何《いか》に真直ぐ伸びていても、頭だけはちょっと下げることを忘れていないことです。こんな姿を毎年眺めるのが杉林の中へ入って行く愉しみの一つで、時には手折って持ち帰り、家内《よめはん》の生花の手伝いをいたします。もちろん、初めは名も知らず、花に興味を持ち始めて、気がかりになる花の一つとなり、図鑑にその名を求めたのが始まりで、やがて食べられる野草の一種と知りましたが、この鳥足升麻、花に仕立てるのが第一義と心得て、めったに芽は摘まないことにしています。

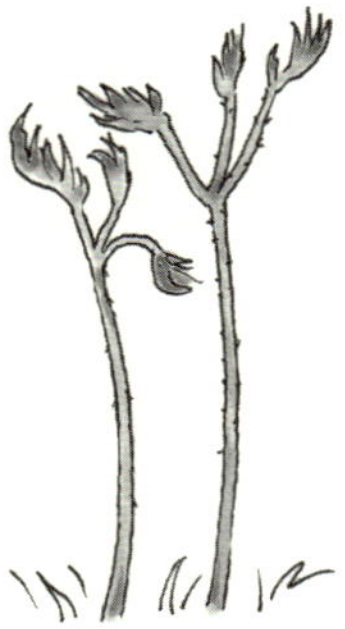

ユキノシタ科の多年草。 別名＝トリアシ、サンボンアシ、ヤマナ
《特徴》北海道、本州中北部の山地に生え、特に東北地方に多い。高さ約60センチ。葉は2～3回3出複葉で、小葉は薄く、先端が尖り、縁には重鋸歯《じゅうきょし》がある。6～7月頃、茎頂に円錐花序《えんすいかじょ》を出し、白色小花を多数開く。全体が帯褐色の緑色で、毛状の鱗片《りんぺん》に覆われている。
《採取法》春から初夏に、葉の若芽を摘む。

準備　ごみを取り、水洗いして湯がき、冷まして水気を切る。

◆とりあしょうま束ね柴酒蒸し

①鶏肉のミンチに白身魚の摺り身と卵白を加え、摺り鉢でよく摺る。
②下味をつけたとりあしょうまを並べ、①をのばしてのせて巻き、胴（真中）で束ねて結び、蒸す。
③一寸豆は塩湯がきし、皮をむいて八方地に漬けておく。
④蒸し上がれば、一寸豆を添え盛る。

◆とりあしょうま　鮑スープ

①準備したとりあしょうまは4センチの長さに切る。
②鮑《あわび》は塩でよくもみ、水洗いし、わたをはずし、たっぷりの水で蒸し上げる。スープはすいのうで漉して、塩、胡椒で味をととのえる。
③鮑をへぎ身とし、①を添え、②のスープを注ぐ。

◆とりあしょうま白和え

①とりあしょうまは3センチに切る。こんにゃくは細くきざみ、塩もみして、熱湯にサッとくぐらせる。
②白和え地でとりあしょうまとこんにゃくを和える。

もみじがさ

老舗《しにせ》料理屋の若手経営者の集まりで、芽生会《めばえかい》というのがあります。昔ならば、さしずめ若《わか》旦那《だんな》会と言いたいところですが、当世の料理屋では、如何《いか》に望みましても、旦那を生み出す要素など、どこを捜しても見当りません。いきおい、時どき集まっては、経営研究、料理研究などと、アカデミックに会合を持つことがあるのですが、そんなある時、まだ私が芽生会に入会を許されて間もない頃でした。仙台市で催された全国大会に出席する機会を得て参加しました。地区の会員《みなさま》の肝煎による素晴らしい行事が進められて、いよいよサヨナラパーティーとなり、会場のウヰスキー工場の広大な芝生の庭に白く円いテーブルが美しい構図で配置され、それは見事なものでした。それぞれのテーブルにつきますと、青竹やら白い皿やら、役柄に合った装《よそおい》で、土地の長《おさ》、山菜たちが勢揃いで迎えてくれました。美味しかったことは論を俟《ま》ちませんが、素材と料理と設《しつら》えの調和に、集会は和《なご》み、余情は今もって衰えることなく、したたかに私の胸に納まっております。その時に初めて出逢った山菜が、紅葉傘《もみじがさ》であり、牛尾菜《しおで》でありました。

牛尾菜は山のアスパラガスとも言われるほどに、若芽の頃は青アスパラガスに似ていて、味は風格すら感じさせる旨味を持っていますが、残念ながら、京都の北山に、生えてはいますが、食用に叶うほどたくさんは見かけません。

紅葉傘は、その後、近辺の山地にも自生していることを知りました。東北地方ではシドケと呼ばれる紅葉傘は、美味しさ天下一と言われるだけに、誰も教えてくれなかったのか、自然がこの地に自生制限を施したものか、牛尾菜ほどではありませんが、京都では得難い山菜の一つです。

ある日、どうしてもこの紅葉傘が大量に要ることがあって、東北へ飛行機で買いに行ったことがありました。まだ宅急便などのない頃の想い出です。

キク科の多年草。　別名＝シドキ、シドケ、キノシタ、トウキチ
《特徴》北海道南部から九州の山林内に群生。やや湿気のある所を好む。高さ60～90センチ。葉は互生、長柄があり、掌状に5～7裂し、深緑色でやわらかい。裏面には毛がある。夏、白色、時に帯紅紫色の頭花を円錐《えんすい》状につける。
《採取法》春から初夏に、葉が展開しかけた若芽を茎ごと折り取る。

準備　掃除して湯がき、冷水にとり、水気を切る。

◆もみじがさ はも炊合せ

①もみじがさは切り揃える。
②はもは骨切りして葛を打ち、熱湯にくぐらせて冷水に取り、水気を取っておく。
③出し汁に追がつおをして、塩、淡口醤油、みりんを加え、①を煮る。
④出し汁、酒、淡口醤油、みりんを合わせた煮汁で②を煮る。
⑤はも、もみじがさを器に盛り合わせる。

◆もみじがさ浸し物

①もみじがさは揃えて切り、淡口醤油、出し汁で調味する。盛り付けて、糸かつおを天盛りにする。

◆もみじがさ味噌漬

①粗《あら》味噌を煮切った酒でのばす。
②平たい容器に①を敷き、ガーゼに包んだもみじがさをのせ、上からまた①をのせ、4時間くらい漬け込む。
③ほどよく漬かったら取り出して、適当な長さに切り、盛り付ける。

さんしょう

これほど何とでも、誰とでも相性が合い、多用性を持った木は珍しいでしょう。特に私ども、京都の北山に住居する者にとっては、土地の顔でもあるのです。実山椒《みさんしょう》を入れた料理に「鞍馬《くらま》」の地名をつけていますのは、ご承知のとおりで、例えば「鮎のくらま煮」「穴子のくらま煮」などと使われています。「木の芽煮」「山椒昆布」などの老舗が町並に軒を連ねているとおり、山椒は鞍馬の名物です。

春も酣《たけなわ》になりますと、土地の人が一斉に山に山椒を摘みに入ります。木の芽の頃、花山椒の頃、実山椒の頃と、まさに頃合を見計っての山入りは、実に確かなもので、極めて感心いたしますことは、誰もが木を大切に扱うこと、決して木を傷めません。山椒を摘むことを「しごく」と言っていますが、葉の一枚一枚を指で挟み、静かにしごくのです。必要に応じて芽を摘むこともありますが、この場合は間引《まび》きます。花山椒もほしい、実山椒もほしい、来年にはまた、木がひと周り大きくなっていてほしい。こんな願いが摘みあとにも残されています。

木の芽と山椒はどう違うのか、と聞かれたことがあって、返答に困ったことがあります。仕方なく、「四月までは木の芽で、五月になったら山椒と違いますか」と、お茶を濁しましたが、故《ゆえ》なきことと考えてのこと。と申しますのも、春は木の芽、初夏ともなれば山椒、まあ四月三十日が木の芽の成人式に当り、子供が大人になるのどっしゃろ。

私の子供の頃には、田圃《たんぼ》に大きな田螺《たにし》がたくさんおりました。竹棹《たけざお》の先を尖らかして貝に入れますと、驚いた田螺は身を縮めて、一丁上がり。餌《えさ》もなく釣り上げられた田螺は、泥出しされて、食卓にのぼることとなるのです。「田螺は〝山椒ころせ、味噌ころせ〟と歌いながら田圃にいるんやぜぇ」と、母が教えてくれました。確かに山椒と味噌がなければ、田螺の命も少しは救われたかもしれません。

ミカン科の落葉低木。　別名＝キノメ、カワハジカミ　古名＝ハジカミ
《特徴》各地の山野に生える。高さ約3メートル、枝にトゲがある。葉は羽状複葉《うじょうふくよう》。雌雄異株《しゆういしゅ》。葉と実は香り高く、辛味が強い。大形のイヌザンショウは香りがなく、食用には向かない。
《採取法》春先に若葉（木の芽）、初夏に半開きの花と成葉、夏から初秋に若い実を摘む。

準備　山椒の葉は水洗いし、水気を切る。実山椒、花山椒は水洗いしてサッと湯がき、冷水に晒し、ザルに上げて水気を切る。

◆鯖山椒煮

①鯖《さば》は3枚におろし、切り身とする。酒、出し汁、砂糖、濃口醤油を合わせた煮汁を煮立てて鯖を入れ、煮る。生の山椒の葉をたっぷりと加えてさらに煮る。

②鯖を盛り付け、山椒の葉を天盛りにする。

◆はも山椒焼

①はもは骨切りをし、串を打つ。

②実山椒をはもの切り目に挟むようにたっぷりとつけ、直火で焼く。

③焼き目がつけば、酒2、みりん1、濃口と淡口半々の醤油1を煮つめたたれをかけ、色よく焼き上げる。

◆鶏笹身花山椒和え

①準備した花山椒は固く絞る。

②鶏笹身は筋を取り、薄塩して串を打ち、直火で焼き目をつけてたたきにし、冷水に取り、布巾で水気を取って、頃合に切って盛り、①をたっぷりとかける。

うこぎ

終戦直後の食糧難の時代に、糧《かて》として採りました山菜たちに、今、摘むという優しい行為と言葉で接しられる豊かさに、しみじみと感謝せずにはおられません。まるで平安の王朝文化が華開いた時のように、摘み草が楽しめる時代というのは、我が国の歴史を振り返っても、そうざらにあるものではないと思いますが、食糧の不足な時にはまた、糧として私たちを助けてくれるものであることを信じてやみません。真白い御飯を食べていることが、世間さまに対して悪いという時代には、競ってヨオブやウコギが混ぜられて真黒になった御飯が尊ばれて、国民としての自覚のバロメーターにもなっていたように思います。黒い御飯の入った弁当箱を互いに見せ合っては、「僕のんは、こんなに黒いんや」と自慢した小学生の日が偲《しの》ばれます。

ヨオブやウコギの御飯は、なかなか美味しいものでした。ヨオブは大豆と煮ると最高の出合いものですし、ウコギは五加という字が当てられるくらいで、五つの旨味を持った山の馳走と聞いております。食べられるのは葉の部分だけで、無数のトゲに被われて手に負えませんが、若芽を摘むのに難儀しながらも挑戦してゆくのも、また楽しいものです。そう言えば、ウコギよりもヨオブをたくさん食べた記憶がありますが、ヨオブは木が滑らかで葉が大きく、採集が容易な上に、乾燥して保存することも出来るので、人気があったのでしょうか。否《いな》、ちょっと癖《くせ》のある葉っぱだけに、人気の持続は難しかったのかもしれません。

それに比べ、ウコギは美味しさだけが素直に出てくる葉っぱと言ってよいのではないでしょうか。この頃の調味料は旨すぎるほどのものがありますので、充分に使いますと「六加」になるかも……。ほんの少量でお加減して「五加」に止めてこそ、ウコギ本来の旨さが味わえるものと、その苦味ばしった風味を愉しみたいものです。

ウコギ科の落葉低木。　正称＝ヤマウコギ　別名＝オニウコギ
《特徴》　各地の山野に生える。高さ約2メートル。雌雄異株《しゅういしゅ》。幹には茶褐色のトゲがある。葉は長柄があり、掌状複葉《しょうじょうふくよう》で小葉は5片、長枝に互生し、短枝には集まってつく。初夏、黄緑色の小花を密につける。秋、果実は黒熟する。
《採取法》　春、若芽と若葉をむしり取る。秋、黒熟した実を果柄から切り取る。

準備　よく水洗いし、ザルに上げて、軽く水気を切る。

◆うこぎ浸し物

①うこぎは湯がき、冷水に取り、固く絞って、淡口醤油、出し汁に浸す。

②形よく盛り、糸かつおを天盛りにする。

◆うこぎめし

①うこぎは湯がき、冷水に取り、固く絞って細かくきざみ、出し汁と淡口醤油で下味をつける。

②炊き上がった御飯に①を絞って入れ、酒、塩、淡口醤油、みりん少量を煮つめたたれをかけ、手早く混ぜ合わせる。

◆うこぎから煮

①準備したうこぎは、乾いた布巾で水気を取り去る。

②酒、濃口醤油、みりんを合わせた煮汁にじゃこを入れて煮る。

③やや煮つまりかけた頃にうこぎの生葉を加え、炒り煮する。

いたどり

この地上に春の訪れを待って久しく、緑の芽も急速に伸びて若草となる頃になって、ようやく遅ればばせながら……と、ポツポツ地表を割って出てくる虎杖《いたどり》の赤い芽が、春の酣《たけなわ》を告《し》らせてくれます。京の山里に定かな暖もりが与えられますのも、この虎杖が芽を出し始める頃です。私どもは、「これでやっと寒い思いをせんでええ」と、安堵の胸をなでおろします。伸び盛りの虎杖は茎に赤い斑点をつけて、節の部分には帯状に袴《はかま》のようなものがついています。漢名で「虎杖」と言われるのも、むべなるかな。「確かにこれは虎の皮を被《かぶ》った杖《つえ》やなあ」と納得せずにはおれません。

今は亡き、井口海仙《かいせん》宗匠のもとにお茶のお稽古に通わせていただいたある日、山の話が出て、山菜の話にまで発展して行きました。「そう言えば、若い頃に、壬生《みぶ》さんへ狂言を観に行ったら、よく虎杖を売りに来てたよ。皮むいて、掌《てのひら》に塩のせて、皆《みんな》よう食べとったなぁ」と、当時の壬生狂言の賑わいぶりから世相の様子に併せて、都会に進出して活躍した山菜たちの様子など、楽しく聞かせて下さった海仙宗匠のお話を想い出します。お茶人なればこその一座へのお心配り、山の住人へのお気遣いが有難く、今、虎杖は師を偲《しの》ぶよすがとなっていますが、私の子供の頃はと申しますと、季節の遊び道具で、刀の代りにしてチャンバラごっこ。節の間の長いものを選んでは、沢の水溜りに差し入れて、吸水管として水を飲む。用途はいくらでもありました。枯れて固くなれば、文字どおり軽い杖にもなりましょうし、まだ出来上がりは見ていませんが、漆《うるし》工芸を仕事とする友人から茶杓《ちゃしゃく》の筒にと乞われて届けた枯朴《かれぼく》もあります。

軟らかい虎杖を塩漬けにして保存《のこ》し、冬、障子《しょうじ》越しに漫漫の雪を観ながら食べるのも、春の風味に勝るとも劣らぬ味わい。この美味しさは、虎杖ならではのものでしょう。

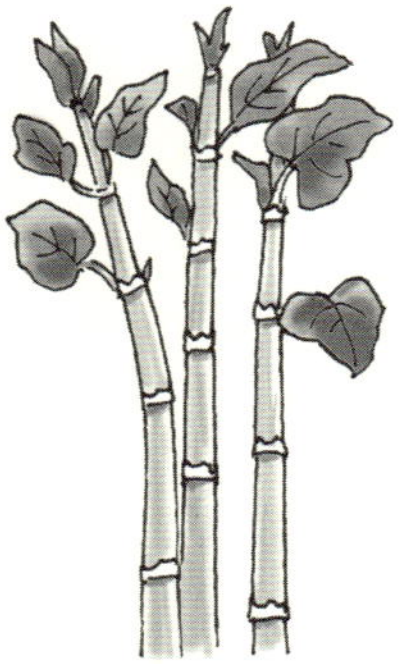

タデ科の多年草。別名＝イタンドリ、タンジ、サイタナ、サシガラ、ドングイ、タジイ、サジッポ

《特徴》各地の山野に群生。雌雄異株《しゆういしゅ》。若芽は紅斑《こうはん》がある。茎は中空で節があり、高さ約2メートル。夏、複総状、時に円錐《えんすい》状様の白色の花穂をつける。葉は卵形か広卵形で、先端は尖り、互生。

《採取法》春、若芽を摘む。若茎は折るか切り取る。

準備　よく水洗いして皮をむき、80℃の湯につけて一晩置く。さらに半日水に晒し、酸味を取り除く。

◆いたどり炊合せ

①いたどりは熱湯にくぐらせ、出し汁にさし昆布をして、塩、淡口醤油、みりんで煮含め、切り揃える。
②豆腐を固めに絞り、裏漉しする。卵を加え、擂り鉢で擂り、鴨肉、ゆりね、きくらげ、青豆などを加え、スプーンで取ってまるめ、油で揚げて、ひろうすを作る。
③ひろうすを油抜きし、出し汁、淡口醤油、みりんで煮込む。盛り合わせて、木の芽をのせる。

◆いたどり炒め物

①いたどりは3センチに切る。
②こんにゃくは3センチ長さの薄切りとし、熱湯にくぐらせる。
③鶏肉はへぎ切りにする。
④いたどり、こんにゃく、鶏肉を油で炒め、酒、砂糖、濃口醤油で調味し、仕上げに七味唐辛子をふる。

◆いたどり酢の物

①いたどりは熱湯をかけ、3センチの縦細切りにし、胡麻酢で和える。

からすのえんどう

「この野草を摘む、食べるなどと、あまり大きな声では言えないのではないかしらん」と、独りごちては蔓《つる》を引っぱります。「豌豆《えんどうまめ》の蔓にそっくりなこの草を、烏《からす》のものと決めたのは、どんな人だったんだろう。烏と特別懇意《こんい》にしていた人の計らいか、それとも烏の好物なんやろうか。否《いな》、烏はこんな上品な物《もん》、食べへんのと違うやろか」我が身の勝手な発想で、なるべくこの野の豌豆から烏を引き離そうとしている自分に気がつきます。「別に烏に恨《うら》みがあるわけじゃなく、むしろ恨まれるのは、こっちのほうや」あれはまだ、自分で田圃《たんぼ》を作っていた頃でした。苗代《いなしろ》に種子を蒔《ま》くと、必ず烏が友人を誘い合わせてか、家族連れかは知りませんが、数羽でやって来て、荒し回ります。コウモリ傘などを鉄砲に見立てて構え「ズドーン」と大声をあげると、一ぺんや二へんは効果があって、逃げて行きますが、三べんとは効かなくて、あとはもう何べんやっても同じこと、平気な顔どころか、時にはこっちを向いて「アホー」と曰《のたま》う。悔しいったらこの上なし、腹が立って仕様がないと、在所の猟師にぐち話をいたしましたら、数日して、「中に何《なん》か詰めて、苗代に吊《つる》しときやす」と、烏を一羽ぶら下げて来ました。さすがに、「悪いことしてしもうたなあ」と思いましたが、ままよこれまで、と解剖にかかり、肉塊を取り出してみると、鳩胸ならずとも、烏の胸もずいぶん厚く、あまり旨そうでしたので、焼いて食べることにしました。ちょっと臭かったので味噌焼にしましたら、結構いけました。そんな話が他所《よそ》から父親の耳に入ることとなって、暫《しばら》くは軽蔑されて困ってしまったことがあります。

以来、烏野豌豆《からすのえんどう》はやはり烏のものと決めて、よほどの用がない限り採らないことにしています。そんな田圃も、今は栗林にしてしまい、烏と接触する機会も少なくなったせいか、近頃は烏も「カア、カア」としか鳴きません。

マメ科の蔓性越年草。　別名＝ヤハズエンドウ
《特徴》各地の野原、土手、道端に生える。全株有毛、まれに無毛。茎は地を這《は》い、長さ60〜90センチ。葉は互生、偶数羽状複葉《うじょうふくよう》で、先端は巻きひげとなる。小葉の先端は矢筈《やはず》形にへこむ。4〜5月頃、葉腋に紅紫色の蝶形花をつける。莢《さや》は平たくて長さ約4センチ。
《採取法》春から初夏に、若葉、若莢を摘む。

準備　掃除して、束ねて湯がき、冷水に取り、絞る。

◆からすのえんどう炊合せ

①からすのえんどうは5~6センチに切り揃え、追がつおした出し汁、淡口醤油、塩、みりんで煮る。
②鯛の子をゆばで包み、出し汁、酒、淡口醤油、みりんでサッと煮る。
③椎茸は庖丁して、出し汁、濃口醤油、みりんで煮る。
④からすのえんどう、子持ゆば、椎茸を器に盛り合わせ、木の芽を添える。

◆からすのえんどう酢の物

①からすのえんどうは4センチに切る。
②車海老は頭、尾、背わたを取り、殻をむき、サッと湯をくぐらせて霜降りにする。水気を布巾で取る。
③三杯酢にわさびを摺り入れ、①と②を和える。

◆からすのえんどう浸し物

①からすのえんどうを4センチに切り、淡口醤油、出し汁に浸す。
②器に盛り付け、削りたての花かつおをかける。

みつば

小学校を卒業する頃まで、周りの人から〝ボン〟と呼ばれて育った私には、〝ボン〟を自分の名前のように、何の抵抗もなく受けとめ、むしろ納得さえしていました。例えば、「ボン、ちょっと三葉《みつば》を採って来てんか」といった調子で、三葉を捜しに行きます。およそは見当がついている場所へ走って行き、採ってくるわけですが、自然の作為というものはよく出来ていて、類似するものが渾然一体となって生えていて、互いに身を守り合っていることがよく判ります。

無作為の作為とでも申しましょうか、本然とはこういうものだと最近になって悟ることが出来ましたが、当時は大変です。「何やこれっ、三葉と違うがな」これでは母の夕餉《ゆうげ》の仕度の邪魔をするだけ、もう火にかけられた鍋からは湯気が立ち、旨そうな匂いが漂って、私の腹《おなか》もグー。踵《きびす》を返して走って行き、今度は一本一本匂いを嗅いでは確かめて摘んで行きます。

一目で三葉が判りますまで、ずいぶん修業を積んだように思えます。

家業に就いて、市場へ仕入れに行くこととなって、店頭に並ぶ大きな三葉に驚きました。それが三葉とはとうてい理解出来ずに、「こんな物《もん》、三菜やがな」と心に思ったこともありました。と言いますのは、自然のものとは比べようもないほどに、姿も香りも弱々しく、歯ざわりも違います。ただ、万人に解け合えるのは、三菜のほうのミツバかもしれません。私の姉などは、その強い香りが嫌だと言って、全く口にしませんでした。

自然のものが人の手を借り栽培されるようになりますと、不思議にその個性を失っては、世俗に融合し、有名無実なものになってしまいます。「そんな菜《さい》ばかり口にしていると、人もそうなるのと違うやろか」たまには本物の三葉も食べてほしいと、山の住人は願っています。

セリ科の多年草。　別名＝ミツバゼリ
《特徴》各地の山地に生え、また野菜として畑に栽培される。高さ30～60センチ内外。茎も葉も緑色。葉は3小葉からなり、互生、葉柄がある。小葉は卵形で尖り、裏面には艶《つや》がある。6～7月頃、複散形《ふくさんけい》花序《かじょ》をつけ、白い細かい花が開く。全草に香気がある。
《採取法》冬から夏にかけて、若苗、若葉を摘む。

準備　きれいに水洗いし、湯がいて冷水に取り、水気を絞る。

◆**みつば　サーモン求肥巻**

①みつばは揃えておく。

②求肥《ぎゅうひ》昆布にスライスサーモンを敷き並べ、みつばをその上に並べて巻簀《まきす》で巻き、冷蔵庫に入れて24時間置く。

③適当な大きさに小口切りして盛り付ける。

◆**みつば　鯖酢味噌和え**

①みつばは3センチに切る。

②塩鯖《しおさば》を3枚におろし、甘酢に1時間くらい漬けてから、造り身とする。

③田舎味噌を擂り鉢でよく擂り、砂糖、酢、みりんを加えて酢味噌を作り、みつばと鯖を和える。

◆**みつば　すずき梅肉和え**

①みつばは3センチに切る。

②すずきは3枚におろし、上身にして頃合の大きさに切り、焼く。

③梅干しの種を取り、梅肉を裏漉しして、砂糖、酒、濃口醤油で味をととのえ、みつばとすずきを和える。

わさび

お造りと言えば山葵《わさび》、山葵と言えばお造り、と生魚には縁の深い山葵ですが、イカやタコなどには生姜、赤身の魚には大根おろし、あるいはスダチかカボスを身が白くなるほどたっぷりと絞ります。ほんの限られた白身の魚だけを山葵で食べます。私の個人的嗜好《しこう》は金属の卸し金も嫌。

と言いますのも、わがままな話ですが、二十年余りも以前、伊豆は天城峠《あまぎとうげ》に向かう途中で立ち寄った浅田商店という山葵屋さんで見つけたもので、卸し金状の板の上に鮫皮《さめがわ》が張ってある、ただそれだけのものですが、これで山葵を卸しますと、故《ゆえ》なき美味しさが出るようです。最初は興味半分で買って帰り、使ううちに良さが判り、その魅力にとりつかれましたが、買ったお店の名前を忘れてしまって半ばあきらめていました。再び伊豆を訪ねる機会を得て、〝鮫皮の卸し金〟だけを捜すためにチャーターしたタクシーで走り廻りました。どのお店で尋ねても「そんなもの有りません」との答えしか返ってまいりません。根気よく訪ね歩くうちに、記憶に残るお店がありました。もしや……、と尋ねてみましたら、「有ります」とのこと。「よく切らせまして、何時《いつ》でも有るとは限りませんが……」と、浅田さんも恐縮して仰有《おっしゃ》いました。三十本余りを箱に詰めて貰って宅配便とし、お蔭様で今も重宝に使っています。

美山荘を更に奥まって、ワサビ谷という沢がありますが、そこは昔から山葵の群生があると聞かされていました。捜しに行きましたが、ほんの名残り程度の数株しか見つけることが出来ませんでした。山葵は水のきれいな沢に自生しますので、ちょっと荒れたりしますと姿を消してしまうことが多いだけに、水菜にも似たその株を見つけた時の嬉《うれ》しさは格別です。根は沢ガニの好物とかで、十株中の一株にでも根があれば上々です。楚々《そそ》とした白い小花の集まりは、生え繁った樹立《こだち》の雫《しずく》で育った花、水の精そのものです。

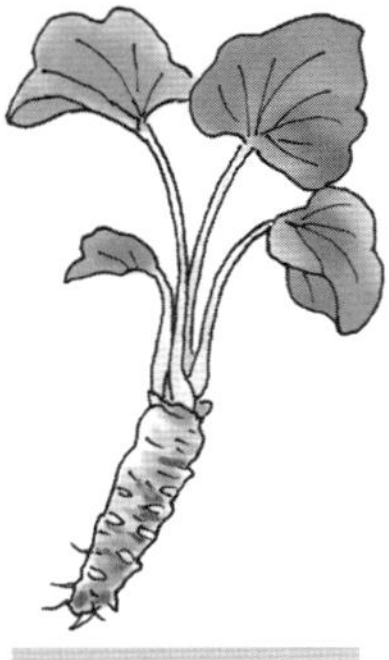

アブラナ科の多年草。
《特徴》渓流の浅瀬に生える。地下茎は円柱状で肥厚し、葉痕が多い。春に根茎から高さ約30センチの茎が数本伸び、数枚の葉を互生。葉は心臓形で、緑に不揃いな鋸歯《きょし》がある。5～6月、白色の小形の十字状花を密につける。よく似たユリワサビも葉や花を食用にする。
《採取法》春から初夏に、葉、花を摘む。自生のものの根茎は残すように心がける。

準備　きれいに水洗いし、水気を切る。

◆**鯵ずし**

①大きめのわさびの葉を塩でもみ、水洗いして、破れないように注意しながら、乾いた布巾で拭く。
②鯵《あじ》はへぎ造り身とし、にぎりずしとする。はじかみは湯がいて、甘酢に漬けておく。
③わさびの葉ですしを包み、半日くらい置く。
④盛り付けて、はじかみを添える。

◆**わさび干ぐじ酒かす和え**

①わさびの軸のみ湯がき、冷水に取り、水気を切っておく。
②干ぐじを焼き、身をほぐす。
③酒かすは出し汁で湿らせてやわらかくし、擂り鉢で擂り、出し汁で少しのばし、塩少々、淡口醤油、砂糖で味付けして、軸わさびと干ぐじを和える。

◆**わさび一夜漬**

①わさびは揃えて、3センチにざくざくと切り、蓋付《ふた》の器に入れて熱湯を注ぎ、蓋をして24時間置く。
②固く絞り、二杯酢で調味して盛る。

わらび

「早蕨《さわらび》がにぎりこぶしを振り挙げて山の横面になかぜふく　蜀山人《しょくさんじん》」　まだ若い頃、こんな歌を見つけました。蕨の姿が実によく表《で》ています。以来、「早蕨がにぎりこぶしを振り挙げて……」と口ずさみながら、山の斜面に目を凝《こ》らして歩く春の日の日課。ホトロ（親葉の枯れたもの）が残っている辺りを覗《のぞ》いて廻りますと、「あった！」思わず声が出ます。小さな草の芽が勢揃いして萌《も》え出づるのとはまた違った感動を覚えますのも、あの独得の力強さにあるのでしょうか。東大寺長老の清水公照《こうしょう》師の詞《ことば》を借りるとすれば、まさしく「ようこそ、ようこそ」です。

産毛《うぶげ》を軀《からだ》いっぱいにつけて朝露に濡れた握り拳は、男子の元服を見るが如《ごと》く、また自生の力を具現して止まないその勇姿は、「今、土を割って出て来ました」と言わんばかりに、払い切れずにいる土をその裾《すそ》に残したままです。「お前さんは頼もしいなあ」と、その凜々《りり》しい姿には手も出せずに、「せっかく出て来たんやもんなあ……、二、三日したらまた来るわ」と、必ず摘むことの因果を含めて戻って来なければならないほどの迫力を持つ蕨は、山菜の長《おさ》。摘んだところから、また芽を出して二番、三番と摘ませてくれて、夏も盛りとなる頃まで続きます。

こんな蕨も、自然条件にはかなわず、土壌や日光の関係で、太ったもの、痩《や》せたもの、と差が出ますが、人為的にその条件を整えることはある程度可能なようです。例えば、林地ですと枝打ちなどで採光の加減をしたり、原野なれば野火焼で土質の改良をいたします。あってはならないことですが、時に山火事などが起こることがあります。いずれにしましても、一、二年もすれば、焼け跡にまるまる太った蕨《わらび》がよく生えてきます。永い永い人と自然との関わりの中で学びとった生活の智恵でもありましょう野火焼も、心得なしでは蕨どころではありません。

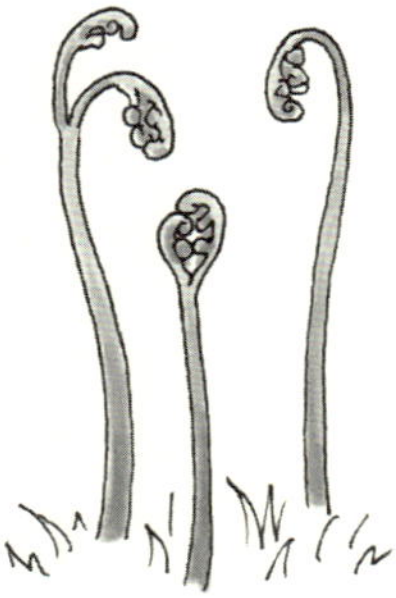

ウラボシ科の多年草。　別名＝ワラベ
《特徴》　各地の山地や野原の日当たりのよい乾燥地に群生する。地下の長い根茎から、早春に握り拳《こぶし》のような新芽が出る。高さ1メートル内外。葉は卵状三角形、長さ60センチ以上になり、2〜3回羽状に裂け、裏面には通常やわらかい毛がある。葉の裏に胞子嚢《ほうしのう》が生じる。
《採取法》　早春、拳形に伸びた若芽を折り取る。

準備　灰汁《あく》で湯がき、そのまま半日置き、水洗いして、水気を切る。

◆わらび 出し巻玉子

①わらびは熱湯にくぐらせ、ザルに上げて冷やし、揃えておく。
②出し巻玉子の芯にわらびを10本ほど入れて巻き、頃合に切って盛り、酢取りみょうがを添える。

◆たたきわらび はもかき揚げ

①わらびは2センチに切り、出刃庖丁でたたく。
②はもは骨切りして切身とし、小麦粉をつけ、①のわらびをからませて、油で揚げる。
③盛り付けて、くし形に切ったレモンを添える。

◆わらび 筍木の芽和え

①準備したわらびをさらに半日水に晒してアクを取り、熱湯にくぐらせてザルに上げて冷まし、吸地に浸して下味をつける。
②筍は湯がいて切り、吸地でサッと煮る。
③擂り鉢で木の芽を擂り、白味噌を加え、みりんでのばし、わらびと筍を和える。

たらのめ

荒野の覇者〝サボテン〟を想わずにはおれないほど、谷間の痩《や》せ地を好んで生える楤木《たらのき》は、その姿や勢に似ず繊細で脆《あやう》い質《たち》です。そのことへの思いやりか、この辺りでは楤木の芽を採ることを戒められてきましたので、私も多くの山菜たちと関わりを持たねばならないこの職に就きますまでは、楤木の芽を食べるなど、とんでもないことと承知してまいりましたが、世間が広くなるに従い、楤木の芽の旨さを聞き及ぶところとなって、初めてこの手をかける時には、ずいぶん躊躇《ちゅうちょ》したものです。何しろ、山の掟《おきて》を破るわけですから、かなり横着な気持ちを出さねばなりません。思い切って「エイヤッ！」と摘み採った二、三個を持ち帰った時の母の顔は、窘《たしな》めも利かぬ大人になってしまった息子の心ない行為を咎《とが》めもならず、「ここらの人は、誰《だあれ》も採らへんのに……」と、一言添えて悲しそうでしたが、「他所《よそ》の人は皆《みんな》食べたはんのや。美味しいもんらしいでぇ」と、一言発し、素知らぬ顔で、ウドの扱いと同じ要領で、木の芽味噌で和えて食べました。試食の結果はたいしたもので、「ウーン、これは旨い」こんな出合いから、楤木の芽は私の献立のレパートリーに加わることになりました。

石原《いしばら》の山麓《やますそ》の斜面に生えていますこの楤木は、全身に強いトゲをつけて身を守りつつ、芽を育てています。その幹は、山椒のように〝擂粉木《すりこぎ》〟になるわけでもなく、中身は如何《いか》にも脆い感じがします。新しい林道などが出来て、二、三年も経ちますと、斜面からニョキニョキと楤木が生えてきますが、その土壌には何の養分も含まれていそうにありません。けれども芽はヤニで固まるくらいに栄養たっぷりで、食べ過ぎては鼻血ものです。この大切に育てられた芽は、無残に採っては親(幹)が泣きます。座を残して、そっと外すように摘むことが心得でありましょう。やみくもに芽を摘めば枯れる木と知った杣人《そまびと》の心が宿っています。

タラノキ（ウコギ科）の芽。別名＝タラ、タランボ、ウドモドキ、マンシュウダラ

《特徴》山野に生える落葉低木。幹は直立、上部で分枝し、大小の鋭いトゲがある。葉は大形で互生、2回羽状複葉《うじょうふくよう》。8〜9月頃、白黄色の小さい花を球状に集めてつける。

《採取法》春、若芽が開き切らない頃、若芽をもぎ取る。一番芽だけを摘むこと。

準備　掃除して、水洗いする。

◆たらのめ 鯛揚げ物

①たらのめは、天粉を出し汁で溶いた衣を軽くつけて、油で揚げる。
②鯛の切り身は、卵白をつけ、塩抜きのあられを適当な細かさに砕いた衣をつけて、油で揚げる。
③天つゆは、出し汁に淡口・濃口醤油、みりんを加えて煮立て、追がつおして、漉す。

◆たらのめ五行田楽

①たらのめは塩湯がきして冷水に取り、布巾で水気を取り、塩をふる。
②田楽味噌は二重鍋で練り上げる。
(イ)黄―生うにに塩をして、裏漉しして(ホ)を加えて仕上げる。
(ロ)青―木の芽を擂り鉢で擂り、塩少々と(ホ)を加えて仕上げる。
(ハ)赤―海老を塩茹でし、擂り鉢で擂り、裏漉しして(ホ)を加える。
(ニ)黒―八丁味噌に海苔を入れ、砂糖、みりんを加えて仕上げる。
(ホ)白―白味噌を酒、みりんで調味。
③たらのめを竹串に刺して焼き、各色の味噌を塗り、焼目をつける。

ささのこ

コンチキチン、コンチキチン……とお囃子《はやし》が聞こえて、京の街は賑わいます。七月は祇園祭一色に盛り上がる月ですが、路上に組み出された鉾《ほこ》からこのお囃子が聞こえるようになると祭りも最高潮となって、巡行の鉾の上から恒例の粽《ちまき》が撒かれます。粽は一般的には端午《たんご》の節句に馴染《なじ》み深いものですが、京都では祇園祭に及ぶべきものではありません。そのいずれもが無病息災の祈願の意味を含んでいるとのこと。笹は包まれた中身を腐敗から守る役目を果たすことから重宝にされたのでしょう。粽の他にも笹にくるまれた食品はたくさんありますが、粽がこうした祭りや節会を司《つかさど》りますのは、やはりその形が鉾に似ているからでしょうか。そう言えば、笹そのものの形も鉾に似ています。

京都の料理屋もまた、この時季、お寿司や生麩《なまふ》を包んだ粽を献立に組み入れて、季節の彩としますが、これとてもご贔屓《ひいき》筋の無病息災を念じてのこと。また素晴らしい生活習慣を残してくれた先人に、感謝の心を込めて作ります。

京都の粽の笹は、ここ花背の里で用意いたします。巷《ちまた》の噂《うわさ》では、やっぱり花背の笹に限るとか。気象条件がよい笹を作るのだそうです。「今日も笹刈りかえー」「天気がええさけのう」まあこんな調子で出かけます。

「山がつがあすの急ぎに研《と》ぐ鎌《かま》の光に似たる夕月夜《ゆうづきよ》かな　蓮月《れんげつ》」笹刈りの季節になりますと、京の山里は急に忙しくなります。「草籠《くさかご》に入れて戻りぬ粽笹」詠み人不明として、こんな句もありました。いずれも花背の情景を彷彿《ほうふつ》とさせるものがあって、嬉《うれ》しい限りです。

笹に限って言えば、よい親からはよい子が生まれるようです。孟宗竹《もうそうちく》や淡竹《はちく》といった筍が一枚一枚皮を落として大人になろうとしている頃になってやっと笹藪に笹の子が生まれます。彼等《かれら》は、最初から一人前に青く、筍とは趣《おもむき》を異にしていても姿は筍のそれ。「可愛らしい筍やなあ」

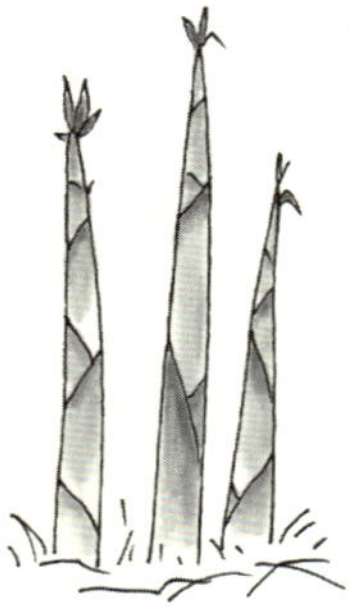

クマザサ（イネ科）の稈《かん》の芽。別名＝ヘリトリザサ、ヤキバザサ
《特徴》観賞用に栽培もされる常緑の竹。地下茎は横に這《は》い、先は直立して稈となる。稈は中空の円筒形で、高さ1メートル以内。葉は枝先に4〜7枚つき、幅広い長楕円形で、先端は尖る。葉の表面は深緑色、裏面は白色を帯び、冬には葉の緑が白色に隈取られる。
《採取法》晩春から初夏に、若芽（稈）を採る。

準備　皮のまま湯がき、冷水に取って冷まし、折れないように皮をむく。

◆ささのこ 芽いも このこ酢の物

①ささのこは3センチほどに切る。

②芽いもは3センチの短冊に切り、大根おろしを入れて湯がく。

③このこは火取って、3センチの細切りにする。

④ささのこ、芽いも、このこを三杯酢で和える。

◆箸洗い

①白湯《さゆ》に少量の昆布をさし入れ、吸地（極薄のもの）を作る。

②皮をむいたささのこ2、3本と梅肉を椀に入れ、①を注ぎ、スミレの花を浮かす。

◆八寸

①ささのこは切り揃える。粗《あら》味噌を酒でのばし、平たい容器に敷き、ガーゼに包んだささのこを置き、上から味噌をのせて、2時間ほど漬ける。

②川海老は酒、みりん、淡口醤油、塩少々で味付けし、炒り煮して、手早く冷ます。

③ささのこ、川海老を形よく盛る。

ぎぼうし

葱坊主《ねぎぼうず》と呼んで子供の頃親しく付合った花のついた葱、螢狩《ほたるが》りに行く時、畑の葱を一本採って持ち、捕まえた螢をその中に入れて、葱を透して光る螢の呼吸を愉しんだものですが、いつしかこの葱坊主が擬宝珠《ぎぼうし》とも呼ばれていることを知りました。橋の欄干《らんかん》に被《かぶ》せてあるものが擬宝珠だと思っていた私には、野草のギボウシもまた「擬宝珠」の字を当てられることを知り、よくぞ言ったものだと感心したものです。なるほど、葱のそれも、ギボウシも、欄干についた冠《かんむり》によく似ています。さて、葱が先か、橋が先か、それとも野草が先か、などと野暮な迷いは他所《よそ》に、この際、擬宝珠はギボウシとして、こんな気品のある名前をつけられて野に在る草のことを考えますと、摘み人は平安朝の貴族か、さもなくば、その名に相応《ふさわ》しい心ある人柄でなければ、ギボウシが承知をしてくれないような気がしてならないのも、我が身が凡人のゆえの僻《ひが》みなのでしょうか。対座して眺めておりますと、なかなか高貴な風体《ふうてい》をしており、こちらも負けじと気位高く挑まないと、手が出しにくいような野草です。これは何もギボウシに限ったことではなく、摘み草の対象となる一木一草、すべてのものがそれぞれに或《あ》る種の個性と風格を備えていますから、無雑作に摘んでは我が人格に傷がつくというものです。

ギボウシには仲間がたくさんいて、トウ・スジ・オオバなどの種族に分かれています。ギボウシはどれも食べられますが、その長《おさ》は何といってもオオバギボウシで、東北辺りではウルイと呼んで親しまれている種類のものです。東北を訪ねました時、ウルイがあまりにも美味しかったので、乾燥したものを買って来て、水で戻してよく見れば、「何《なん》の事《こっ》ちゃ、ギボウシやないか」ということで一件落着。〝所変われば品変わる〟アーもっともだ、もっともだ。そう言えば、磐梯山《ばんだいさん》に登った時のことであったか……。

ユリ科の多年草。別名＝オハツキギボウシ、ウルイ、ヤマガンピョウ
《特徴》山地の湿気の多い所に群生。葉は根ぎわに集まり、直線的で長い葉柄に楕円形の葉をつける。初夏から秋、長い花茎を出し、漏斗《ろうと》状の紫または淡紫色の花を総状につける。オオバ、コバなど、ギボウシ類はどれも食用となる。
《採取法》春に若菜を摘む。または葉柄を束ねて切り取る。

準備　塩湯がきし、ザルに上げて冷ます。

◆焼目ぎぼうし はも酢の物

①ぎぼうしは焼き、4センチに切る。
②はもは骨切りし、2センチ角ほどに切り、湯通しして冷ます。
③卵黄に出し汁、酢を同量入れ、砂糖、塩で味付けし、湯煎で練り、冷ましたもので、①と②を和える。

◆煮物椀

①ぎぼうしは5センチに切り、縦に2つに割る。
②車海老は殻をむき、頭、尾、背わたを取り、人数分の数を残して細かくきざみ、摺り鉢で摺る。摺ったつくね芋を加え、さらに摺り、塩、淡口醤油で下味をつける。
③残しておいた海老を縦に三切れほどに庖丁し、②をからめて蒸す。
④ぎぼうしと③を盛り、吸地を張り、海苔、柚子をのせる。

◆ぎぼうし青酢和え

①ぎぼうしは3センチに切り、淡口醤油、出し汁で下味をつける。
②青豆を塩湯がきして冷まし、つぶして裏漉しし、塩、砂糖、酢で味をととのえ、①を和える。

しのだけ

腕白小僧《わんぱく》であった頃、〝オイチの目玉《めんたま》〟と呼ぶ、丸くて小さな堅い実をつけた雑草があって、これを弾《たま》にして、篠竹《しのだけ》を細工したオモチャの鉄砲で遊んだ記憶がありますが、〝オイチノメンタマ〟が今もって判りません。もっとも、解る努力もしないままですが……。それというのも、判っても解らなくても、今の生活には関わりがないことと考えているからでしょうか。

子供の時にはそうは行きません。「何故《なんで》、オイチノメンタマと言うんや」と、誰に尋ねても、「オイチはオイチや」と答えるだけ。「ほんなら篠竹は？」「篠竹は篠竹や」と、これでおしまい。相手が大人とあっては声にも出せず、口の中でモゴモゴと一言、「わけの判らん名前などつけるなっ！」以来、物の名前を深追いしないことになったのかもしれません。

篠竹も自分が篠竹であろうがなかろうが、一切関係なしに、本然《ほんぜん》の赴《おもむ》くがままに、盛衰《せいすい》の運命を自然に委《ゆだ》ねています。それでも、ひょっとしたら、人類よりも永い歴史を知っているかもしれないのです。

篠竹は群生していますが、その規模は大小さまざまであって、私はまだ小さな藪しか知りません。この辺りでも、京都大学の演習林に入れば、一面篠竹に覆われた山があると聞いており、一度訪ねてみたいものと願っていますが、まだその機会を得ていず、残念に思います。

割合近辺でも、小庵で賄えるくらいは採れますので、季節が来ると訪ねて行きます。藪の中をガサガサと降《くだ》って行き、下から筍を求めて登りますと、生えている様子がよく判ります。

篠竹というものであろうとなかろうと、何時《いつ》、何処《どこ》に行けば、何がある。それさえ判ればよいのです。篠竹の子は、誰がどう言おうと、何が何でも旨いのです。

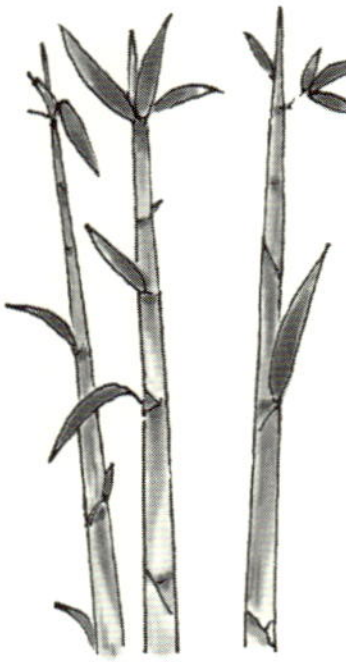

イネ科の多年生常緑笹。　正称＝チシマザサ　別名＝ネマガリタケ　ジタケ　ガッサンダケ

《特徴》北海道、本州の長野県以北と日本海側に分布。根元で曲って立ち上がり、高さ1.5～3メートルにもなる。往々にして群落をつくるが、まれに開花すると、群落全体が枯死してしまう。

《採取法》春、地中の竹の子を折り取る。汚れ防止のため、軍手を用意すること。

準備　用途に応じて、皮のままあるいは皮をむいてから、米ぬかで30分間ほど茹で、そのまま冷めるまで置く。

◆しのだけ 焼鯖炊合せ

①茹でたしのだけの皮をむき、水洗いして、追がつおした出し汁、塩、淡口醤油、みりんで調味する。
②生鯖《さば》を焼き、切り身にして、酒、出し汁、砂糖、濃口醤油の煮汁に生姜を摺り入れて煮る。
③さやえんどうは筋を取り、塩湯がきし、八方地に浸しておく。
④しのだけ、鯖、さやえんどうを盛り、摺った生姜を天盛りにする。

◆しのだけ姿焼

①皮をむいて茹でたしのだけは、根元の固い部分を切り落とし、串を打って、酒2、淡口醤油1、みりん1を煮た汁でつけ焼きする。

◆しのだけ手毬ずし

①茹でたしのだけは出し汁、塩、みりん、淡口醤油で煮て、薄く輪切りとする。
②車海老は塩湯がきして輪切り。
③すし飯に①と②を混ぜ、軽くまるめて、樫《かし》の若葉で挟む。

はちく

「孟宗《もうそう》もう出た、淡竹《はちく》はや出た、真竹《まだけ》まだ出ぬ」こんな詩か呪文みたいな言葉を教えてくれた母の生家には、広い淡竹の藪があって、美味しい筍を供してくれました。

葬式は孫のまつりと言うとおり、あれは、終戦を迎えて暫《しばら》く経ってのことでした。復員を待つ家族のもとに、叔父の戦死の報《しら》せが来て、遺体のない葬式を済ませて、一週間ごとに巡って来るお逮夜《たいや》でのことでした。お参りに来る縁者が、それぞれに大きな鉢を風呂敷に包んで下げて集まります。中身は、その日の菜《さい》。いろいろなお菜が持ち寄られ、念仏が済むと、故人を偲《しの》んで酒を汲み交します。もちろん、男たちの世界であって、女や子供はお相伴《しょうばん》でご馳走に預かります。そこは若狭《わかさ》に近い在所ということもあって、当時としては珍しく、竹輪や蒲鉾などもありました。まことに不届きな話ですが、子供の私にはお逮夜が楽しみで、待ち遠しかったのです。それというのも、私がいちばん食べたい物があって、〝じゃが芋と三度豆〟とか〝淡竹と蕗《ふき》〟とかの煮たものが、いつも頭の中で先陣争いをしていました。今も小庵ではその季節になると、母方の藪の淡竹を使っていますが、これもひょっとして、相続人であった叔父が、甥の私に与え遺してくれた味なのかもしれません。

私の山にも竹藪がありますが、細い竹で、釣竿にはなっても物干し竿にはならないほどのものです。しかし筍は実に美味しく、汁の実や和え物、特に生節《なまぶし》と蕗と一緒に煮たものは相性もよろしく、私の好物の極めつけと自慢しています。いわゆる掘りたての筍にアクが少ないのと同じように、この採りたての筍もほとんどアクがありません。野性のゴリラが筍を食べるシーンをテレビで観たことがありますが、実に旨そうに食べていました。調理法が、マナーがと、騒がしいことを言っています人間の、在りし日の思い出の姿ではないでしょうか。

イネ科の多年生常緑竹。　別名＝クレタケ、カラタケ
《特徴》中国原産。わが国各地で栽培されている。高さ10メートル内外。直径は約3～10センチ。稈《かん》の表面は滑らかで淡緑色、薄く白蝋粉《はくろうふん》に覆われる。葉は多数の小枝の先に4～5葉がつく。竹の皮は革質で、紫色。
《採取法》春に地中の竹の子を、傷をつけないように掘り取る。

準備　米ぬかと鷹の爪を入れた湯で皮のまま1時間湯がき、そのまま冷ます。

◆はちく なまぶし炊合せ

①茹でたはちくは皮をむき、水洗いして、頃合に庖丁する。
②ふきは塩ゆがきして冷水に取り、皮をむいて4センチに切る。
③出し汁に追がつおし、①と②を煮て淡口醤油、みりんで調味する。
④なまぶしは頃合に切り、出し汁、酒、濃口・淡口醤油半々で調味。
⑤針生姜を作り、水に晒しておく。
⑥はちく、なまぶし、ふきを盛り、⑤を天盛りする。

◆はちく姿ずし

①茹でたはちくは水洗いし、出し汁、塩、淡口醤油、みりんで煮て、丸のまま節を抜く。
②すし飯を①の中に詰め、輪切りして盛り付け、紅生姜を散らす。

◆はちく姿焼

①生のはちくは皮をむき、頃合の大きさに切り、串を打ち、酒1、濃口・淡口醤油半々1、みりん1を煮立てて粉山椒を入れたつけ汁でつけ焼きする。

こしあぶら

水辺の岸から揚《あ》がって来た春が野を越え里を越えて山に昇《のぼ》り、漉油《こしあぶら》の芽が食べ頃を迎えます時分はもう初夏。

漉油に親しみを覚えるようになったのは、いつ頃のことだったか明確《はっきり》とは記憶しません。と申しますのも、樹の幹はスベスベして、〝福井の羽二重餅《はぶたえもち》〟のようで、気持ちがよいのですが、葉は独特の臭いが強く、「こればかりは虫も食わんやろなあ」と近づくことも嫌でした。さらに、漉油の樹を見下《みくだ》してしまうことになりましたのが、炭になったこの樹にまで誉《ほ》め言葉を聞かなかったからでしょうか。父親がとても怖い存在でしたから、遊ぶ時は勝手に足が他所《よそ》へ向き、友人の家《うち》の囲炉裏《いろり》の一座を占めることになりました。たとえ子供であっても、そこに坐った以上は客であって、家長の父親はサービス怠《おこた》りなく努めなければなりません。ニコニコしてお愛想の一つも言ってくれます。これが囲炉裏のマナーであることは、子供心によく知っていました。私も客の心得として、家長に教えの一つも乞《こ》うこととなり、「小父《おっ》さん、炭は何《なん》の木が一番ええのや」「そりゃ、やっぱり橡《くぬぎ》やなあ。次が楢《なら》や」と、まあこんな具合で、おやつなど食べて戻って来ます。友人が私の家に来ても同じことで、怖い父親が、「よう来たなあ、まあ上がり」などと調子のよいことこの上なし。これも在所の仕来りで、囲炉裏には四面あって、正座(家長)、客座(客)、横座(妻)、下座(家人)と坐しては、家長が火の按配《あんばい》を整えます。「少《ちょ》し《つと》も熾《おこ》らへんなあこの炭は、漉油やなあこりゃっ」と相成《あいな》る次第では、漉油に心寄せることもならず、遠いものになるばかりでした。

摘み草が生業《なりわい》となっては、旨い植物《もの》がほしくなり、漉油の若い芽とお見合して、いっぺんに惚《ほ》れてしまったのです。蕾《つぼみ》の臭いは嫌なものではなく、色鮮やかで整っています。大発見の感激は今も忘れられません。

ウコギ科の落葉高木。別名＝ゴンゼツノキ、アブラッコ、イモノキ
《特徴》山地、高原に生える。高さ16メートル。幹は直径60センチほどになる。樹皮は灰褐色、葉は5小葉からなる掌状複葉《しょうじょうふくよう》。夏、枝先に緑白色5弁の小花多数を散形花序《さんけいかじょ》につける。実は秋に熟して黒紫色となる。
《採取法》春から初夏に、若芽、若葉を摘む。アクで手が汚れるので軍手を用意。

準備　塩湯がきして冷水に取り、30分間ほど水に晒してアク抜きをする。

◆こしあぶら 若狭ぐじ酒蒸し

①ぐじの切り身は酒にくぐらせて、こしあぶらで包み、蒸す。
②三度豆は塩湯がきし、冷水に取り、布巾で水気を取って針に切り、八方地に漬けて味を含ませる。
③針生姜を作り、水に晒しておく。
④①を盛り、②と③を添える。

◆こしあぶら 油揚げ胡麻醤油和え

①こしあぶらは水気を取り、揃えておき、淡口醤油、出し汁に浸す。
②油揚げは焼いて3センチの拍子木に切る。胡麻を煎って摺り、濃口醤油を加えて胡麻醤油を作る。
③こしあぶらと油揚げを盛り、胡麻醤油をかける。

◆こしあぶら中華風酢の物

①こしあぶらは絞って切り揃え、淡口醤油、出し汁で下味をつける。
②春雨は50℃のぬるま湯で戻し、5センチに切る。がらさ海老は湯がいて殻をむき、頭、尾を取る。
③二杯酢に胡麻油を入れ、①、②を混ぜ合わせて盛り付ける。

うど

万作《まんさく》・辛夷《こぶし》・梅・馬酔木《あせび》・桜・石楠花《しゃくなげ》・山躑躅《つつじ》など、木の花を代表として、春の花が一斉に開きます。黄色い花をつける万作から始まり、辛夷などの白い花、山桜を里に置き、山々峰々には石楠花に添うて桃色の花が咲き乱れ、里を包む。まさしく、陶淵明《とうえんめい》の言う桃源郷を京の山里に知ることが出来ます。万作の枝に止っている頃には、「まだちょっと下手やなあ」と思って聴いた鶯《うぐいす》の歌も、この頃ともなればだいぶん上手になって、谷を渡って行きます。「お早《はよ》うさんどす、ええ天気やのう」「ほんまやのう、仕事すんの勿体《もったい》ないような日《ひい》やのう」在所の人達《もん》とはこんな挨拶を交して、山に行きます。目当ては独活《うど》。「何《なん》やお前さんは、今出て来たとこかいな、泥だらけやがな」

「雪間よりうす紫の芽独活かな」こんな芭蕉《ばしょう》の句を思い出します。淡紫に産毛《うぶげ》をいっぱいつけて泥を被っていては、まず見つかるまい、とでも考えているのでしょうか。

子供の頃には独活の芽を見つけることが出来ずに、よく牛独活というのを間違って採って帰りました。独活を見つけたと、自慢気に、ドサッと表《かど》に荷を置けば、「ご苦労さん。お前、牛の飼《えさ》を採って来てくれたんか」と父の声。母親と違って冗談の余地もなく困ってしまったものでした。

東大寺の清水公照猊下《こうしょうげいか》に〝野萱一味庵〟の庵号を頂戴いたしました時のこと、第一番に頭に浮かんだのが、牛独活のこと。「人は一味に止まるべし」と仰有《おっしゃ》ったわけではありませんが、「牛独活や言うて他《はた》に残しておくのもええもんやなあ、自他ともに生きてこその世界やがな」とまあ、悟ったような気分になっても、なお不思議な自然の仕組み。

近頃の栽培物の白い独活とは違って、自生の独活は牛独活にウリ二つです。ただ、牛独活は産毛が少なく、全体に光沢がありますので、ご注意あれ。

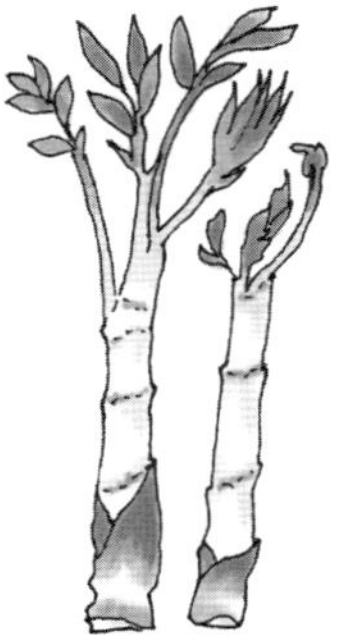

ウコギ科の多年草。別名＝ヤマウド、シガ、ヤマクジラ、ドッカ

《特徴》各地の山野に生え、栽培もされる。高さ2メートル内外。茎は円柱形、緑色で、細毛がある。葉は大形羽状複葉《うじょうふくよう》で互生、長柄がある。夏、白い小花が球状に群がって散形花序《さんけいかじょ》につく。自生品の若苗は香気がより強く、美味。

《採取法》春から初夏に、若芽、若茎を地下茎から切り離して抜き取る。若葉は摘む。

準備　皮を厚めにむき、酢水に漬けてアクを抜く。

◆うど 鶏肉炊合せ

①うどは4センチに切り、丸く皮をむき、酢水に漬けてアクを抜き、酢を入れて湯がく。出し汁に追がつおをして、淡口醤油、塩、みりんで煮る。
②花山椒はサッと塩湯がきして冷水に取り、固く絞る。
③地鶏は頃合の大きさに切り、酒、出し汁、淡口醤油、みりんを合わせた煮汁に②を加えて煮る。
④形よく盛り合わせる。

◆うど木の芽和え

①アク抜きしたうどは乱切りとし、葉を適当に切り、塩湯がきして冷水に取り、布巾で水気を取る。
②煎り胡麻を擂り、木の芽と塩少々を入れて擂り、田舎味噌、砂糖、みりんで味付けして①を和える。

◆焼うど海老味噌かけ

①うどは皮のまま炭火（ホイルに包んでもよい）で焼き上げ、皮をむき、適当な長さに切って盛る。
②海老味噌（108頁（八）参照）をかける。

みずぶき

和名の通称はウワバミソウと言います。ウワバミが棲《す》むような所に生えているからとの理由《わけ》でこんな不味《まず》い名前をつけられたのではたまりません。山菜としてはミズの名で親しまれていますが、私は水蕗《みずぶき》と知ってきました。京都の北山では誰もが使う呼び名です。

我が国が第二次世界大戦によって体験した食糧難の時代は、遙《はる》か彼方に去り、難儀《なんぎ》の語部《かたりべ》となる勇者も少なくなってしまった今の世は、総グルメの時代と飽食を謳歌《おうか》して疑うべきもありませんが、わずか四十年前には、この水蕗もまた糧《かて》として争い摘まれて、受難の時代を観たのでした。が、しかし時に人は不味を装い防護の慣わしとすることもあります。他の動物への思いやりでもありましょうか。まさしく水蕗がそうなのです。

沢の畔《ほとり》に自生する水蕗は、湯に通せば色鮮やかな緑色を呈し、旬の料理に一層の豊かさを添えることは間違いありません。かと言って、たくさん食べて旨いというものでもありませんので、少量あればこその美味上品と扱っていただければ、まさに水蕗の仕合わせ極まれりというところでありましょう。食糧に難儀した時代は、これを炊いて丼に山盛り食べる、塩漬にして保存する、といった食べ方でした。鰹や昆布はおろか、煮干しなど、およそ旨味を持ったものはすべて手に入れ難く、調味料もろくろく求められない世の中でした。ほとんど塩味の、わずかな調味料に頼っての調理ではあっても、ただ腹いっぱいを願っての食べ物を命がけで捜し求める人影が、山野を埋めたのでした。水蕗の群生を見つけた人はどんなに感激したことでしょうか。言い知れない喜びを覚えつつ、一荷を背にした仕合わせに勝ることが、他にあるのでしょうか。

煮物椀の青味、和え物の緑、まぎれもない水蕗。美味しい。こんなに幸せでよいのかと思いつつ味わっています。

イラクサ科の多年草。　正称＝ミズナ　別名＝ミズ、ウワバミソウ、ヨシナ、タニフサギ、イワソバ、シズクナ

《特徴》渓流沿いの陰湿地に群生。茎は多肉質で帯赤色、高さ30～50センチ、斜めに伸びる。葉は互生、長楕円形で縁は鋸歯《きょし》がある。6月頃、淡黄緑色の小花が咲くが、雌花は葉のつけ根に、雄花は葉柄の先にそれぞれ固まってつく。

《採取法》春から夏に若茎、若葉を切り取る。

準備 軸のみを湯がき、ザルに上げておく。

◆みずぶき胡麻味噌和え

① みずぶきは3～4センチに切る。
② こんにゃくは5ミリ角の拍子木に切り、湯がいて水気を切る。
③ 鶏笹身はサッと湯がき、冷水に取り、布巾で水気を取り、笹に切る。
④ 田舎味噌に砂糖、胡麻をたっぷり加えて摺り、①、②、③を和える。

◆煮物椀

① みずぶきは笹がきにして湯がく。
② 加茂茄子はへたを取り、二つに輪切りにし、串で針打ちしてサラダ油で揚げ、油抜きして、薄めの吸地で煮る。さいまき海老は塩ゆがきし、殻をむき、頭、尾を取る。
③ ①、②を盛り、摺り生姜を添えて、薄葛仕立の吸地を張る。

◆みずぶき 長いもうに和え

① みずぶきを3センチに切る。長いもは3センチの長さの短冊に切り、水に晒してぬめりをとる。
② わさび酢を作り、うにを溶き入れ、みずぶき、長いもを和えて盛り、針海苔を天盛りにする。

やまぶき

植木屋さんに庭の手入れをして貰っていた日のことですが、垣根の裾《すそ》に〝山吹〟を植えてくれるよう頼んで、留守をしたことがあります。家に戻り、さっそく庭に出てみますと、指定の場所《ところ》には〝オタカラコ〟が植わっています。

「植木屋さん、山吹と違いますがな」「山蕗《やまぶき》をこんな場所に植えてどないしやはりますねん」なるほど〝山蕗〟なら間引《まび》くのに困るほど庭にも生えています。蕗よりも花の綺麗な〝オタカラコ〟のほうが庭には似合うと、格別に気を利かせてくれた植木屋さんの肝煎も、山吹と山蕗の勘違いであることが判りました。

蕗にもいろいろな種類がありますが、私の近辺には〝野蕗〟〝山蕗〟〝町の蕗〟しかありません。〝町の蕗〟は栽培され進化して、もはや野菜となって箱詰にされ、市場に出廻り、季節を問わずに買えるあの大きな蕗のことで、私が勝手につけた呼び名です。野に生えているものを野蕗、山に生えているものを指して山蕗と言うそうですが、「ほんなら沢に生えているのは沢蕗と言《ちゅ》うのか」と、理屈の一つも言いたくなるほど、野も山も沢も、全く変らず同じ蕗です。単に〝蕗〟と表現するほうが正しいのかもしれませんが、〝町の蕗〟はもとより、海岸に生えるツワブキを始め、有名な秋田蕗、子供の頃に北海道まで夢を運ばせて貰ったあの、コロボックルと仰有《おっしゃ》る神様がお宿りの大きな蕗等々ありますので、自己主張のためにも、あえて〝山蕗〟と呼んでおりますが、在所の者《ひと》の誰一人として、この蕗を山蕗と呼ぶ者はおりません。植木屋さんには、つくづく悪かったなあ、と思っています。

蕗を摘む季節は蛇や蝮《まむし》がたくさん出歩く季節でもありますので、要注意。草むらの中にはよい蕗の藪があることが多いものですから、草を分け入って進みますと、蛇を踏みつけることがあります。これほど怖いものはおりません。

キク科の多年草。　正称＝フキ　別名＝ミズブキ

《特徴》　各地の山地、平野、道端、川べりに生えるが、食用に栽培もされる。雌雄異株《しゆういしゅ》。花蕾《ふきのとう》が咲き終わったあとに長柄のある葉を出す。葉柄の長さ30～70センチ。葉は腎円形。

《採取法》　4～5月頃、地下茎を抜かないように、葉柄（茎）ごと根元から摘むか切り取る。アクが強いので軍手を用意する。

準備　灰汁《あく》で湯がき、皮をむいて水に晒す。

◆**やまぶき　なまぶし炊合せ**

①準備したやまぶきは二番出しに追がつおして煮て、塩、淡口醤油でやや濃いめに味付けする。

②生姜はへぎ切りにする。

③なまぶしは血合を取り除き、庖丁して、二番出しに濃口・淡口醤油半々、みりんを合わせた煮汁に生姜を入れて煮る。

④やまぶきとなまぶしを形よく盛り付け、生姜も添え盛る。

◆**やまぶき　鶏笹身白和え**

①準備したやまぶきは3～4センチに切る。鶏笹身はサッと湯に通して(霜降り)、へぎ切りとする。

②豆腐を水切りして裏漉しにかけ、擂り鉢に入れ、砂糖、みりん、塩で味をととのえてよく擂り、①を入れて和える。

◆**やまぶききんぴら**

①やまぶきの皮をむき、笹がきにする。

②鍋に油を敷き、①を炒り、七味唐辛子、砂糖、濃口醤油で調味する。

つつじ

霧島もツツジならば五月《さつき》もツツジ、石楠花《しゃくなげ》も仲間といった具合で、ツツジほど多種多様なものはなかろうと思いましたのは、樹木の図鑑を観てもそうですし、近辺の山を見ましても、季節を少しずつ移して、ずいぶん種類の多いことに驚きます。それに、人工的に交配した種類に至っては無数に氾濫《はんらん》しすぎて、俗に言うところの「カワユーク」ないものまで見かけることがあります。花が可愛くないなどと申し上げれば、「可愛くないのはお前のほうだ」と言われるかもしれませんが、例えば牡丹《ぼたん》か芍薬《しゃくやく》かと思われるものから、花と葉の釣り合いのバランスが無茶に悪いものなど、とても観賞どころではないものが、珍種だとか何とか言われて、珍奇な名前までつけられて鉢に納まっていたりするのを観ると、作者には悪いのですが、情なくなることがあります。蜜蜂が、鳥が、風が、運んでゆく自然のエキスには無理がありません。あくまでナチュラルに生殖はとり行われてほしいと願っています。

辞典を見る限り、ツツジは観賞植物であって、食用植物とは書いてありません。食べられる部分についても、「花弁は食べられる」などの文字は決して記されていないように思いますが、私は子供の頃からツツジを食べていました。と申しましても、家族でとか一族でとかいった集団の食性からではありません。あくまでも個人的理由、ほんの出来心から食べ癖《ぐせ》がついたのです。蜜蜂が花から離れないのを見て、花を食べていると思ったのです。「僕も食べてみよう」と思ったのでしょう。ちょっと酸っぱくて、喉が渇いている時など、パクパクやりました。それに、〝ツツジの耳〟と決め込んでいた、耳のような形の固まりが葉にくっついていて、これは美味しく頂戴しました。「ツツジの珍種を咲かせるより、お前のほうが変わっているって！」そんなことはありません。自然とはこんなもんですよ。

ツツジ科ツツジ属の総称。
《特徴》　常緑あるいは落葉低木で、山地に多く自生するが、観賞用に栽培され、園芸品種も数多い。小枝を多く分岐し、枝、葉ともに細毛がある。春から夏に、赤、白、桃、紫などの合弁花を単立または散形花序につける。サツキ、ミツバ、ヤマ、レンゲなど種類が多い。
《採取法》　春から初夏に花を摘み、花弁だけを使う。

準備　花はよく洗い、萼《がく》と雄しべ、雌しべを取り去る。

◆つつじ揚げ物

①つつじの花は外側にだけ衣をつけて、油で揚げる。
②みつばの葉は裏側にだけ衣をつけて、油で揚げる。
③うなぎは開いて切り身にし、薄塩をして、小麦粉をつけ、溶いた卵白をくぐらせ、塩抜きあられを砕いた衣をつけて、油で揚げる。
④彩よく盛り付ける。

◆前菜

①うには塩をふり、焼く。
②きゅうりは板摺りしてサッと湯がき、摺りおろし、砂糖、塩で調味して、5ミリ角のものを和える。
③塩茹でして1センチ大に切った海老を梅肉（砂糖・濃口醤油で調味）で和える。
④紫蘇《しそ》の実は塩湯がきし、冷水に取って固く絞り、酒、砂糖、濃口醤油少々で煮る。
⑤長いもは5ミリ角に切り、キャビアで和える。

くさぎ

五加《うこぎ》のところでも少し触れましたが、臭くても大丈夫。大豆と一緒に煮〆れば、天下の逸品と誉めそやしても大丈夫。五加と違って、こちらのほうは葉が小振りの柿の葉くらいの広さなので、一本の木を見つけることが出来れば、食べられるくらいは摘んで帰れますが、臭《くさ》木《ぎ》はほとんど苦くないものと、苦さの強いものがありますので、苦味の強いものは、湯がいた後、一晩くらい水に晒すとよいでしょう。豆と煮る場合は乾燥して保存しておいたもののほうが、採れ採れよりは味が深まるようです。このあたりは椎茸やぜんまいに似ています。山から摘んで帰った臭木は、新鮮なうちに湯がいてよく絞り、天日に干します。茣蓙《ござ》か筵《むしろ》に拡げて乾かすのが理想的な方法かと(私どもはそのようにしています)考えますが、盆でもザルでもよいでしょう。もちろん、汁の実や浸し物などは摘みたてを使います。

臭木は山中の木であるためか、子供は連れて行って貰えませんでしたので、実際には人に教わることもなく、自分で確かめ、覚えた木の一種です。ことさらに臭木を求めて山に入ったことはありませんが、昇り下りの途中で足を滑らせることは日常茶飯事で、思わず摑《つか》んだ木がしごかれて葉を落とし、それぞれの臭いを放ちます。「臭いっ、臭木や」こんな覚え方をしたものでした。その頃はもう世の中、経済大国を目指していたのか、消費も製産も活発になっており、お金さえ出せば何でも買える、と言わんばかりになっていましたが、「この臭い葉で育てられたんやなあ、僕は……」と、暫《しばら》くの間拡げた掌《てのひら》に残る臭木の移り香を幾度も嗅ぎながら、終戦直後の食糧事情などを想い返しておりました。苦は楽の前触れ、楽は苦の前触れ。苦楽をともにせにゃいけまへんなあ。

そう言えば、伊勢神宮の御神酒《おみき》造りにもこの臭木が役立っているとか、素晴らしい自然の恵みではありませんか。

クマツヅラ科の落葉低木。　別名＝クサギナ、クジュウナ、クサギリ、ヘクサギ、ボンサン、センチギ

《特徴》原野、林縁に生える。高さ1.5〜3メートル。葉は対生、長柄があり、短毛を密生、特有の臭いがある。8〜9月、芳香のある白色花を集散花序《しゅうさんかじょ》につける。秋、円形の果実が藍色《あいいろ》に熟す。

《採取法》春から初秋に若芽と葉を摘む。夏から初秋に花を摘み、しべを除いて使用。

準備　生葉は灰汁《あく》で湯がき、2時間流水に晒して苦味を取り、絞る。干したものは1日水に漬けて戻し、絞って熱湯でやわらかくなるまで煮、流水に晒してアク抜きする。

◆くさぎめし

①準備した生葉は細かくきざみ、下味をつけておく。
②炊き上がった御飯は塩で味付けして、①を混ぜ、おにぎりにする。

◆くさぎ 大豆旨煮

①干したくさぎは準備して、固く絞っておく。
②大豆は1日水に漬けてから鍋に入れ、水煮して、やわらかくなったら①を加え、砂糖、濃口醤油で調味し、コトコトとゆっくりと弱火で煮上げる。

◆くさぎ胡麻浸し

①準備した生葉のくさぎは固く絞って、ざくざくと切り、淡口醤油、出し汁で味付けする。
②胡麻をたっぷりと入れ、お浸しとする。
③器に盛り、上から摺り胡麻をかける。

ほおば

早乙女《さおとめ》と言っても、ほとんどが昔の乙女。そのおばさん方が、一列に横に並んで器用に苗《なえ》を植えて行きます。跡切れることなく続く世間話は、〝田声八丁〟とかで、畦《あぜ》にいてもまる聞こえ、時折の哄笑《こうしょう》はご機嫌うるわしい証拠。主《あるじ》にとっては「ヤレヤレ」といったところです。この日ばかりは女性の天下、ご機嫌を損ねては、お家末代の恥と、男たちは苗配りなど怠《おこた》りなくサービスに相努めなければなりません。リズミカルに動く手の甲には小手《こて》がつけられています。紺の木綿で作られた小手には、緑の糸で刺繍《ししゅう》が施され、割った個所《ところ》にはちょっと赤い布《きれ》が使ってあります。絣《かすり》の着物にも、裁着《たてつけ》にも、同じく赤い布が施され、楚々《そそ》としたおしゃれは早乙女そのもの。

十時頃になりますと、一斉に畦《あぜ》に上がり、莫蓙《ござ》を拡げて、〝小びる〟を食べます。点心のような軽い食事です。〝堺重〟という入籠《いれこ》のお重には、それぞれに山里ならではのご馳走を入れ、いちばん大きなお重には朴葉《ほおば》めしを入れます。豌豆《えんどうまめ》のご飯を丸くして、上に黄な粉をのせて朴葉で包んだ朴葉めしは、朴の香と黄な粉の香りが調和して、田舎の沢庵《たくあん》との出合いも嬉しく、しかも黄な粉は黄金色の豊作への祈りが込められてのこととあっては、お相伴《しょうばん》の子供心にも不味《まず》いはずはありません。今も大好物の一つです。

お昼は座敷に上がって貰ってのお振舞いに、昼寝つき。〝エブリさん〟という田の面《おもて》を仕上げる道具は清められ、神様となって、苗三把《ば》、お神酒徳利《みきどっくり》の口には朴葉を挿して、お洗米も供えます。

朴の木には白い大きな花が咲きます。朴の花は、近頃の麗人にも似て、暫《しばら》くは固い蕾《つぼみ》を守っていますが、ちょっと蕾が割れて白い花弁を窺《のぞ》かせたと思うと、みるみるうちに開き、その芳香たるや千里にも届かんばかり。辺り一面に香気が漂い、匂いで朴の木の所在が判るほどです。

ホオノキ（モクレン科）の葉。　別名＝ホオガシワノキ、ホオ　古名＝ホオガシワ
《特徴》　日本特産で、山地に生える落葉高木。高さ20メートル内外。葉は有柄、互生、大形で30センチ以上になるものもある。5月頃、帯黄白色の芳香のある花が咲く。葉は、古来食物を包むのに用いられる。
《採取法》　春から初夏に若葉を採る。

準備　水洗いし、よく拭いておく。

◆川ます朴葉焼

①川ますは切り身にし、塩をする。
②炮烙《ほうらく》に塩を敷き入れ、朴葉を敷いて①を並べ、蓋《ふた》をして火にかけて焼く。芳《かぐわ》しい朴葉の香りがつく。

◆朴葉飯蒸し

①もち米は予め蒸しておき、酒、塩、みりんで味付けする。
②干ぐじはへぎ身にする。
③①を軽くまるめて②をのせ、朴葉で包んで蒸す。

◆朴葉ずし

①さし昆布した御飯に、砂糖、塩、酢を合わせて混ぜ、酢飯を作り、一口大のにぎりとする。
②塩鯖《さば》は3枚におろし、中骨を抜いて、甘酢に2時間漬けてから、へぎ造りの要領でへぎ身にする。
③鯖のへぎ身と酢飯の間に木の芽を挟み、にぎりずしのようにして朴葉に包み、押し蓋の出来る容器に並べ、軽い重石をのせて、1日置く。
④みょうがを湯がき、塩をして甘酢に漬けたものを添える。

ひのきわらび

「大地雪漫漫」これは道元禅師が北陸にお入りになられた時の詞《ことば》ですが、おそらく禅師はこの時に、今日の永平寺の姿を脳裡に描かれたのではないか、その決意のほどと確かな情景の描写は、あまりにも美しく感激いたします。

白い大地に一条《ひとすじ》の紐《ひも》を這《は》わせたように延びる雪道を、男が急ぎます。蓑《みの》、笠、深沓《ふかぐつ》、訪ねる家に辿《たど》り着いた男は、白い息を吐きながら、体の雪を払い、囲炉裏《いろり》の客となるのです。カナゴ(五徳)さんに懸《か》けられた釜から湯を汲み、湯ざましを通して出された茶を、客はさも旨そうに、吸い込むように音を立てて飲み、「スーッ、ハァ」と繰り返し、「ハァー」と大きく息を吐き出して安堵します。体を温め、世間話をするうちに、横座ではその家の女房が白、蓬《よもぎ》、栃《とち》など数種の餅を焼き、擂り鉢で混ぜ合わせては〝納豆巻き〟を作ります。餅が焼ける間に台所に立ち、寒鰤《かんぶり》と大根、里芋などの煮〆を温め、汁を作り、和え物を作ります。和え物の一種は必ず桧蕨《ひのきわらび》の胡麻和えとなります。

桧蕨はちょっと在所を隔てるだけで、〝桧ぜんまい〟と呼ぶ所もあって、どっちが正しいか知りませんが、山にある時の姿は、野に生える草蘇鉄《くさそてつ》を山に移したようにして生えています。〝テンゴ〟とか〝イヅミ〟と呼ばれる藁《わら》で出来た袋を腰につけて、険しい山肌を登りながら採ってゆくのですから、装備も大切で、草蘇鉄を摘むようなわけには行きません。乾燥して保存したものに限って使うところは、ぜんまいによく似ています。

寒《かん》水で作られた餅は日持ちして重宝がられ、納豆は藁づとに入って出番を待つかのようですし、山菜は乾燥から、塩漬から戻し、何時《なんどき》急な来客があっても供する用意は整っています。除雪され、雪の中でも自動車で往来《ゆきき》出来るように便利になった北山から、こんな冬の馳走も消えていきました。年に二、三度でも、古《いにしえ》の味に触れたいものです。

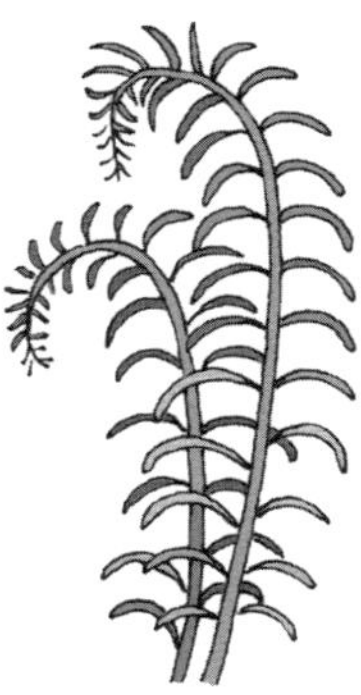

ウラボシ科の常緑性多年草。　正称＝ヒノキシダ
《特徴》伊豆半島以西の暖地の林内、樹上に生える。地中の根茎は小さいが肥厚し、長さ20～30センチの葉を束生する。葉柄と葉身の長さはほぼ同じ。葉は緑色で、2回羽状に分裂する。似たものにコバノヒノキワラビがある。
《採取法》束生した中心部から次々に出る若葉を、葉柄の下部から切り取る。

準備　水に漬けて戻し、よくもみ洗いする。水から火にかけ、沸騰させて5〜6分間やわらかくなるまで煮る。流水に2時間晒し、アク出しして、苦味が取れたら絞る。

◆ひのきわらび煮物

①ひのきわらびは根元の固い部分を切り落として、切り揃える。
②大根は大きめの短冊に切る。
③出し汁に煮干しと①、②を入れ、淡口醤油、みりんで調味する。

◆煮物椀

①ひのきわらびは追がつおした出し汁に淡口醤油、みりんで味付けして煮てから、適当な長さに切る。
②豆腐は軽く水切りして、一番出し、淡口醤油、塩、みりんで煮る。
③鰺《あじ》は筒切りにし、酒、みりん、淡口醤油で味付けして煮る。
④吸地を作り、鰺、豆腐、ひのきわらびを盛って注ぎ、柚子を添える。

◆ひのきわらび胡麻和え

①ひのきわらびは切り揃え、鍋に入れて空炒りする。
②摺り胡麻は出し汁、濃口醤油で味をととのえ、①を和える。

きいちご

生い茂る熊笹をかき分けて、土手づたいて谷間へと降りて行きますと、水辺にほど近い所や、林道の脇の山麓《やますそ》などに見る黄苺《きいちご》は、濃い緑の藪の中で、まるで絵に描いたように、その深い緑を引立てています。

もし、この季節に、この黄色い小粒の鈴なりが存在しなければ、辺りの雰囲気はずいぶん変わってしまいましょう。しとどに濡れて、一層深まってゆく緑は、見る者に重圧感さえ与えます。

そんな時こそ、黄苺もまた、タップリと雨を含んで大きく膨らみ、今にも落ちそうな姿で枝にしがみつき、精いっぱい自分の役目を果たそうとしているかの様子で、「どうです、私が居ないと、うっとうしゅうおっしゃろ」とでも言いた気に、面をほころばせております。

雨の日の黄苺にちょっとでも触れようものなら、そのほとんどが、バタバタと落ちて土に還《かえ》ろうとしてしまいます。後悔先に立たず。竹藪から細い竹を切ってきて、節一つ残して筒を作り、中の薄皮を取って水洗いし、梢《こずえ》のほうの細い竹で、杵《きね》になる一本の棒を作ります。晴天になって、黄苺の甘味が戻った頃合いを見計い、この竹筒を持って藪に向かいます。次々に摘んだ黄苺を筒にほうり込み、半分くらいたまったところで、杵役の竹枝の棒を突込み、クチャ、クチャと搗《つ》いていますと、百パーセントの天然苺ジュースの出来上がり。〝ゴックン、ゴックン〟とはゆかないが、〝チュウ、チュウ、チュウ〟吸うぶんには充分の量。手製のジューサーを持って、即席のジュースを味わうなど、まことに贅沢なことをさせて貰ったものと、過ぎし日々に感謝しています。

山間《やまあい》の細い道端にも、缶入りジュースの自動販売機が並んでいます。「これが文明というもんでっしゃろか」空缶拾いの手を止めて、山樵《やまがつ》語る〝日本昔ばなし〟です。

バラ科の落葉性小低木。　正称＝モミジイチゴ
《特徴》山野に生える。高さ約2メートル。幹、葉ともにトゲが多い。葉は有柄で互生、カエデの葉に似る。4〜5月、葉腋に白色5弁の花をつける。6月頃、球形に集まった小さい核果が黄熟する。種子が多いが、味は濃く美味。木性の苺を総称してキイチゴともいう。
《採取法》初夏に、完熟した実を採る。

準備　きれいに水洗いして、水気を取る。

◆きいちごパフェ

①生クリームをホイップして砂糖で味付けする。

②きいちごのへたを取り、生クリームにからめて器に盛り付ける。きいちごはたっぷり入れる。

◆きいちごカナッペ

①パンの上にキャビア、酢漬のままかり、スライスサーモン、茄子浅漬（薄切りを塩押ししたもの）、バター摺り胡麻をのせ、きいちごと、青味に野にんじんの葉をあしらう。

②彩よく並べ、盛り付ける。

◆きいちご 鮎せごし酢の物

①鮎《あゆ》のひれをはさみで切り、頭、尾を落とし、腹わたを取り、水洗いし、薄く小口切りにしてせごしとする。淡口醬油、砂糖、酢を合わせた漬け汁に漬ける。

②たでの葉を針にきざむ。

③へたを取ったきいちごと、①、②を混ぜ、和える。

④形よく盛り付ける。

ぜんまい

主《あるじ》は朝靄《もや》に包まれて牛を追います。馬鍬《まぐわ》で田を整えた頃に立人《たちど》が早乙女《さおとめ》の先達《せんだつ》となって出て来ます。立人は、言わば早乙女のマネージャーで、苗《なえ》が植え易いように田の面の仕上げをしたり、苗を運んだり、早乙女を手伝います。

皆《みんな》その日の〝小びる〟や、昼の宴席が愉しみです。内容は同じでも、家、家の持ち味があって、毎日同じ物を食べても飽きることなく、実に十日から半月にわたって田植えは続きます。主、肝煎の振舞いの宴《うたげ》は、朴葉《ほうば》の皿に、黒豆（シワが寄るまで畔《くろ》でマメに働く）、ごまめ（田造り）、ぜんまいの辛子和え（ぜんまいは切らずに――永く黄金の豊作）、叩き牛蒡《ごぼう》に、人参を混ぜてこんにゃくの白和え等々。何となく五行の色合いが窺《うかが》える前菜から始まり、睨《にら》み鯛ならぬ睨み鯖《さば》まで供されます。若狭《わかさ》にも割合に近いこの辺りは、昔からの鯖街道であって、六月は若狭の鯖の旬。焼鯖は竹の串がついたままで届きます。生姜醤油で食べますと、なかなか美味しいものです。

四ツ椀を追って数かずの鉢菜《はちざい》で酒肴を振舞われて、遅い午後、田植えは再開されます。辛子和えのぜんまいは、もちろん干したもの。

母の実家に、何の都合でか知りませんが、暫《しばら》く預けられていたように記憶します。その時、祖母が陽溜りに茣蓙《ござ》を出し、せっせとぜんまいの綿を取っていました。「おばあちゃん、何してんのや」「ぜんまいの綿を取ってんのや」「その綿、どないするんや」「捨《ほか》てるのや」見る見るうちに綿は溜って行きます。その時、ぜんまいの綿で布団を作ることを真剣に考えていました。密《ひそ》かに決意して数日、ぜんまい捜しと綿取りに懸命の努力を重ねましたが、子供の力では座布団すら及ばず、母に助けを求めて、一笑に付されたことを覚えています。

ぜんまいの保存は、湯がいて天日で干すのが最もよいようです。あの茶色が美味しさを誘います。

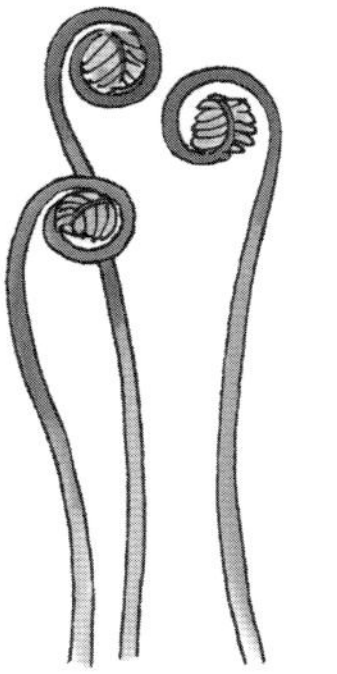

ゼンマイ科の多年草。　別名＝ゼンゴ、マカゴ、アオゼンマイ
《特徴》 山麓、原野に生える。春先の幼葉は渦巻状で、白い綿毛をかぶり、赤みを帯びる。伸びた葉は緑色で、2回羽状複葉《うじょうふくよう》。のちに褐色の胞子葉が出る。仲間のオニゼンマイは食用としない。
《採取法》 春から初夏に、先の巻いている若葉が15〜20センチほどに伸びたものを摘む。一株2〜3本を取るに留める。

準備　干ぜんまいはぬるま湯に約1時間漬け、まな板に並べて軽くもむ。80℃の湯に半日漬けておく。水を替え、鍋に入れて沸騰させる。冷めるまで置き、流水に2時間晒し、水気を切る。

◆ぜんまい辛子和え

①胡麻を擂り、田舎味噌、砂糖、みりんで調味し、とき辛子を加えて、空炒りしたぜんまいを和える。

◆ぜんまい炊合せ

①ぜんまいは昆布を敷いた鍋に出し汁7、淡口・濃口醤油半々1、みりん1の煮汁を入れて煮る。ひと煮立ちしたら火を止め、味を含ませ、切り揃える。
②油揚げは油抜きをして、かつお出し汁に砂糖、淡口醤油で煮る。
③かんぴょうは塩でもみ、水で戻し、束ねて6センチくらいに切る。追がつおした出し汁に塩、淡口醤油、みりんで味付けして煮る。
④器に盛り、木の芽を天盛りする。

◆ぜんまい酢の物

①ぜんまいと塩湯がきしたさやえんどうは下味をつけ、茹でた海老は頃合に切り、三杯酢で和える。

やまもも

あれはいつのことでしたか、もうずいぶん昔の話になりますが、瀬戸内寂聴《じゃくちょう》先生のご本の中に、山桃《やまもも》のことが書かれていて、その巧みな描写に舌の鳴るのを覚えたことがあります。もちろん、京の北山にあるべきものではなく、暖かい海辺の町、徳島をうらやましく思ったものでした。そんなある日に調理場で山桃の話をしていましたら、福井から来ている板前君が、「うちの寺にもありまっせ」と言います。彼は三方五湖《みかたごこ》の近くの禅寺の息子ですが、次男坊とあって好きな道を歩めばよいとの父親の許しを得て、板前になるために私の元に来たのですが、高校時代のガールフレンドを嫁さんに貰い、花背に落着き、美山荘の調理場を取り仕切る重人となってくれました今日、想い返しますと、まさに光陰矢の如《ごと》しの感がいたしますほどに山桃が美山荘の献立に加わってからの歴史も古くなりました。

三方五湖の山桃は、徳島のものに比べて粒がやや小さいものですが、鮮度が第一の木の実だけに、一時間という道程は、まことに結構な距離であって、山桃にも人にも都合がよく、鮮度が落ちないうちに処理出来るのがありがたく、毎年貰いに行っては使わせていただいています。時には枝ごと果物としてお客様にお出しし、日本海側のものと申しますと、驚かれ、「ヘェー、あんな寒いとこでも育ちますのかいな」という具合で、話の種にもなっています。

近年、ご贔屓《ひいき》筋からご紹介いただいて、倉敷市は六口島を訪ねる機会を得ました。六口島花壇という旅館が一軒あって、座敷から眺める景色は格別のもの。全島が山桃の木に覆われているかと見まがうばかりの六口島全島が、この宿のご主人自らの管理とあるだけに、山桃の育ちもひとしおで、改良されて大粒の実を結ぶ木も植えられたとか。早く大きくなってほしいと祈っています。

ヤマモモ科の常緑高木。
《特徴》暖地の山地に生えるが、庭木にも植える。高さは10メートル以上。雌雄異株《しゅういしゅ》。よく分枝する。葉は互生、長楕円形。4月頃、尾状花穂を葉腋に出し、帯黄紅色の小花を密生して開く。6月頃、直径2センチ内外の暗紫紅色の実が熟す。核は堅く、種子1個がある。
《採取法》6月に、完熟して落ちる寸前の実を採る。

準備　軽く洗って水気を切る。

◆やまもも和風サラダ

①鶏笹身はさっと熱湯に通して霜ふりにし、切っておく。
②そば菜は根を切って洗い、水切りする。
③煎り胡麻を摺り、酢、胡麻油、サラダ油、淡口醤油でドレッシングを作り、やまももと①、②を和えて、胡麻をふりかける。

◆大葉ゆりねやまもも風味

①ゆりねは大きなものを選び、湯がく。
②やまももは種を取り、砂糖、塩、淡口醤油で調味し、①のゆりねにのせる。

◆やまももゼリー

①やまももは果実酒として漬けたものを使う。
②やまももの果実酒を鍋に入れ、火にかけてアルコール分を抜き、水に溶かしたゼラチンを混ぜ、砂糖を加えて煮て、流し缶に流す。①のやまももを散らし入れて冷やす。
③冷えて固まれば、頃合に切り、器に盛って出す。

つゆくさ

今はめったにお目にかかれなくなってしまいましたが、田圃《たんぼ》の畦《あぜ》の外れなどに肥塚《こえづか》という堆肥を作る床があって、とてもよい田舎の風情を作っていました。田植えが終る頃になりますと、山積みされていた肥料は全部、田の土の中に埋められて、塚が消え、床が空きます。

梅雨の季節には雨の中を天魚《あまご》釣りに出かけるのが唯一の愉しみでありました少年時代は、餌《えさ》のミミズ捕りが釣り仕度のすべてであり、ミミズを見つけるのも愉しみの一つでした。ところが、目当ての縞《しま》ミミズというのは、どこにでもいるというものではありません。下水混じりの泥の中か、この堆肥の床が比較的確率高く、ミミズの隠れ家となっていましたので、よくここを掘りに行きました。最初は何も生えていない肥塚の塔に、青い芽が生え揃い、やがていちだんと濃い緑の固まりのようになり、繁茂して青黒い丘のように盛り上がって、艶《つや》やかな光沢さえ放つさまは見事としか言いようもありません。生え茂った草むらは、素直に鍬《くわ》も受付けなくなり、もうミミズどころではなくなります。この草が露草《つゆくさ》と知ったのは、稼業を継いで久しく経ってからのことでした。

露草が食用に叶うことを知り、お浸しや和え物にしてお客様にお出しいたしましたら、染料としての馴染《なじ》みが深いようで、大抵は、「へえーっ、そんなもん喰えますのかいな」ややあって、「なかなか旨《うま》いもんですなあ」と、お褒《ほ》めに預かり、気をよくいたしまして、すっかり有頂天にさせられたものでした。よく肥えた土の所に生えているものが色もよく軟らかくて美味しいですが、生育のよい草だけに固くなるのも早く、うっかりしていると、すぐ使えなくなりがちです。ほんのわずかな期間だけ食用となるものですので、絶えず食べ頃のものが繁った所を捜さねばならず、結構忙しい思いをさせられている相手です。

ツユクサ科の一年草。　別名＝アオバナ、ボウシバナ、ホタルグサ、カマツカ、アイバナ　古名＝ツキクサ

《特徴》　道端や荒地に生える。茎の下部は地に這《は》い、多く枝分れし、上半は斜上して、高さ30センチ内外。葉は細長く平行脈があり、互生、基部は鞘状。6～8月、緑の苞《ほう》から藍色《あいいろ》で左右相称の花を短総状につける。

《採取法》　5～9月頃、若苗と茎、葉を摘む。

準備　掃除して水洗いし、さっと色よく湯がき、冷水に取り、絞る。

◆煮物椀

①焼豆腐を適当に切り、やや濃いめの吸地で煮る。
②鶏もも肉はごくあっさりと調味して煮る。
③焼豆腐、絞ったつゆくさ、鶏肉を盛り、針生姜を添え、吸地を張る。

◆つゆくさ浸し物

①つゆくさは切り揃え、よく絞り、淡口醤油、出し汁に浸す。
②中干しのかつお節を削り、①を盛り付けた上に天盛りとする。

◆車海老葛たたき　つゆくさ摺り流し

①準備したつゆくさはきざんで摺り鉢で摺り、よく絞って青汁を取る。
②新じゃがを蒸し、裏漉しにかけて摺り、出し汁でのばしてスープを作り、①を混ぜ、火を通して冷まし、冷蔵庫で冷やす。
③車海老は殻をむき、頭、尾、背わたを取り、背開きにして吸地で煮て冷ます。
④器に②を張り、車海老と針みょうがを形よく盛る。

じゅんさい

「こんな物《もん》、初めに食べはった人てどんな人やったんやろ。何が因果で食べ出さはったんやろ」と、気になる食べ物がままあります。海の幸《さち》で言えば、ウニ、ナマコの類《たぐい》、山の幸ならば、このジュンサイが筆頭にのぼります。

ジュンサイは極めて採りにくいもの。ツルツルしていて、しかも少ししか採れません。旨味も苦味もなく、何気なく口にしても、「本当《ほんま》に水臭い奴ちゃ」でおしまいのもの。ところがその人気たるや、高嶺の香り松茸にも勝るとも劣らぬものとあっては、調理場の貴重品。一粒もこぼさないように、扱いも慎重にならざるを得ません。小粒であろうが、ツルツルしようが、珠《たま》に並ぶべき雅味《がみ》を持つ味の宝石ならばこのジュンサイ、と信じて疑えない神秘性を含んでいます。湖沼の泥から咲くあの蓮華のように、ジュンサイもまた泥の中から高貴な純粋味を育て上げた結晶に他なりません。尊い味だと考えています。水臭いなど、とんでもありません。

清らかな味を、したたかな歯ざわりをと、自然の妙味をそのままに具現《ぐげん》するかの如《ごと》きジュンサイの命も、近年の著《いちじる》しい環境汚染には打ち勝つすべもなく、日ごとに減っています。京都上賀茂には深泥池《みぞろがいけ》があります。水深一・五メートルの池ですが、底の泥土層が約四メートルあって、その名に示すとおりです。天然記念物に指定されているこの池には、ジュンサイやタヌキモなどの珍しい水生植物が群生していますが、草ぼうぼうで、何かおどろおどろしい雰囲気もあって、ジュンサイに気の毒なような気がいたしますのも、深泥池のジュンサイとして京都人に愛され、旬を待たれたロマンも昔の夢、上賀茂神社や下鴨神社に連なるこれら京都の先住民族である賀茂族の郷《さと》も泡沫《うたかた》と崩れ落ちようとしているやに私には映ります。「ジュンサイはん、しっかり京都を守っておくれやっしゃ」。

スイレン科の多年生水草。　古名＝ヌナワ
《特徴》水のきれいな古い池や沼に生える。水底の泥中の根茎から茎を伸ばす。葉は茎上に互生、細長い葉柄があり、楕円状楯形、水面に浮かぶ。茎と葉の下面には透明な粘質物を被る。夏、水面に紫紅色の小さな花が咲く。
《採取法》春から初夏に、粘質物《ねんしつぶつ》に包まれた新芽、若葉を摘む。

準備 ザルに入れ、流水をしばらく当て、水から上げて水気を切っておく。

◆じゅんさいうにとろ

①生うにを裏漉しして出し汁でのばし、淡口醤油で調味する。
②じゅんさいを盛り、①を注ぐ。

◆煮物椀

①薄い昆布出し汁で葛を溶き、加熱して練り上げ、塩少々で調味し、ラップに取り、中にじゅんさいを入れて茶巾《ちゃきん》型にし、氷水で冷ます。
②車海老は背わた、頭を取り、塩蒸しして殻をむく。
③器に①を盛り、②を添え、吸地を注ぎ、吸口に柚子を添える。

◆じゅんさい冷物

①田螺《たにし》は湯がいて身を取り出し、酒、出し汁、淡口醤油で下味をつけておく。
②長いもを摺り、湯煎にして時間をかけてよく練り、流し缶に流し入れ、①を散らして冷やす。
③②を頃合に切って盛り付け、じゅんさいを入れ、冷やしておいた濃いめの吸地を注ぎ、摺り生姜を天盛りとする。

おおばしそ

緑の葉をしていてなぜ紫が蘇《よみがえ》るんだと、初めのうちは、「生意気な奴だ」とくらいにしか考えず、寄りつきもしなかった畑の大葉紫蘇《おおばしそ》を、邪魔になるから引き抜くべく近づいてみれば、ある葉には真黒に虫がついています。ある葉には青い虫が、別の葉はレースの如く穴だらけ、まともにきれいな葉がついていません。これは異《い》なこと味なこと。「これが本当の虫の知らせ」とばかり、丹念に虫取りをして、「これからは俺のものだから近づくなよ。あっちへ行け」虫たちに因果を含めて追い払い、一所懸命監視したことが効を奏して、新芽が無事に葉となって、一葉摘んで鼻先に近づけますと、特有の香りが胃袋を直撃します。早速洗って生醤油を落とし、温々《あつあつ》のご飯の上にかぶせてお箸で挟み、口にほうり込みます。芳香はたちどころに口内を淀《よど》みなく漂い、「旨い！」思わず首が下ります。虫たちは、ほんとうによく真味滋味を知っています。人間《ひと》もまた、元々はこんな優れた味覚を持っていたのでしょう。私たちはひょっとして調味料の発達に比例して、味音痴になってしまったのではないか。こんな疑問も湧いてきます。

紫蘇というものは紫色のもので、梅干しに使ったり、柴漬に使ったりの用途ぐらいしか知らなかった私は、柴漬を作る母の、「この樽《たる》は色が悪かった。この樽は色よく漬かった」との声を聞いて育ったせいか、やっぱり紫蘇は梅干しのためにあるものと考えていました。柴漬に使う時は、水洗いした紫蘇を塩もみしますが、人の手によって色の出方が違うようです。「紫蘇は手を嫌う」と教えられましたが、具体的な理由は未だに解らないままでいます。もっとも、紫蘇も改良されて、誰の手にも叶う「手違いなし」で、色よく扱えるものが出てきましたので、塩加減だけを注意しておれば誰でも色よい柴漬を作れるようになりました。紫のものは味、緑のものは香り、と紫蘇を認識しています。

シソ科の一年草。　正称＝アオジソ　別名＝オオバ、シソ
《特徴》　日当たりのよい野原や畑の側に自生。栽培もされる。高さ30～80センチ。茎は四角形。葉は両面緑色で葉柄があり、対生。夏から秋に花穂を出し、白色唇形の小花を開く。全草の芳香は赤紫色のチリメンシソより強い。
《採取法》　春から秋に若葉、夏から初秋に花穂を摘む。秋に完熟した種子を採る。

準備　水洗いして、ザルに上げ、水気を切り、破らないように布巾でていねいに拭く。

◆**大葉紫蘇包み揚げ**

①車海老は殻をむき、頭、尾、背わたを取っておく。

②山いもを摺りおろし、①を入れて大葉紫蘇に包み、サラダ油で揚げる。

◆**大葉紫蘇冷し汁**

①ゆりねは湯がき、水切りして裏漉しにかける。

②大葉紫蘇は摺り鉢で摺り、①を加え、鶏スープと胡椒を加えて摺りのばし、冷やす。

③②を器に入れ、焼うにを真中に浮かべ、針海苔をのせる。

◆**大葉紫蘇和物**

①干鱈《ほしだら》を水に漬けて戻し、細かくほぐし、湯煎にして細かいそぼろにする。

②大葉紫蘇をみじんに切り、水洗いして固く絞り、①と混ぜ、甘酢で和える。

えびがらいちご

「三つ子の魂百まで」という諺《ことわざ》がありますが、そんな言葉を実感として持ちますのがこの蝦《えび》殻苺《がらいちご》です。今の今まで野花だと思っていましたので、花を摘みに出かけた時だけ、蝦殻苺に目を配《や》り、心を留めていました。若芽が一斉に天を仰ぎ、童子が合掌にも似た姿は、まさしく華であって今も苺とは別の世界のものに思えて仕方がありません。

仏教に拈華微笑《ねんげみしょう》の教えがあります。お釈迦《しゃか》様がお説法されたある時、聴衆に金波羅華《コンパラゲ》という花を拈《ひね》って示されたところ、弟子の摩訶迦葉《まかかしょう》だけがその意を悟り、微笑したという故事があります。以心伝心の意味と受け止めてよいと考えますが、この話を伺《うかが》った御室流《おむろりゅう》華道の華務長でいられる手嶋千俊先生の仰有《おっしゃ》った金波羅華がどのような花なのか、私には知る由《よし》もなく、解らないことの悦びも湧いてきて、この快《こころよ》い響きの花が、名も知らず感動する花に出逢った時に必ずと言ってよいほど、重なって心に浮かびます。拈華微笑を辞書に求めれば、蓮《はす》の花とありますが、私にとっては金波羅華であってほしい、蓮ではなくてもっと神秘な華であってほしいと、大切に大切に心に納めた金波羅華は、この蝦殻苺の若芽にも通じ、久しくその名を知らずにおりました。図鑑に教えられ、私の金波羅華が蝦殻苺と知りました時、金波羅華は蝦殻苺から抜け、赤い実をつけた山の苺になりました。逞《たくま》しく生長した蝦殻苺の木は、太くしっかりして強い針を全身につけて、むしろ荒武者の如《ごと》き様相で、大地に足を踏みしめて立っています。

実際にその実を料理素材として扱うようになりましても、金波羅華は私の脳裡から脱《はな》れませんが、毎年違《たが》わずに見せてくれる童子から荒武者へと変わりゆく姿は、頼もしい限りで嬉《うれ》しく、「アラヨット、お前はもはや華じゃないんだぞ、芽は摘まんから、安心して早よう実をつけておくれ」と、独り詫《わ》びつつ、季節の移ろいを愉しんでいます。

バラ科の落葉低木。　別名＝ウラジロイチゴ

《特徴》　山地に生える。茎は初め直立、後に蔓《つる》状になる。全体に紅紫色の粗毛を密生し、毛の間にトゲを散生。葉は互生、有柄、3出複葉で、裏面は白色を呈す。初夏、淡紅紫色の花を総状《そうじょう》花序《かじょ》につけ、萼《がく》片は他の木苺類に比べて長い。果実は集まって球形となり、赤熟。

《採取法》　夏、完熟した実を採る。

準備　水洗いし、へた（萼《がく》）を取り、果実だけにして水気を切る。

◆えびがらいちごジュース

①いちごと氷、砂糖をミキサーにかけ、すいのうで漉し、レモン汁少量を加え、グラスに注ぐ。

◆えびがらいちご酢の物

①えびがらいちごはほぐしておく。
②きゅうりは蛇腹《じゃばら》にして適当な大きさに切り、たて塩に漬け、しんなりさせてから軽く水洗いし、絞る。
③鶏笹身はふり塩し、熱湯で湯がき、冷水に取り、布巾で水気を取り、頃合に切る。
④器に①、②、③を盛り、三杯酢をかける。

◆えびがらいちごシャーベット

①えびがらいちごは裏漉しにかけ、ジュースを作る。
②ゼラチンを水に浸しておき、適量の水で熱を加え、溶かし、砂糖を加えて混ぜ、荒熱を取り、①を加えてよく混ぜ、冷凍する。
③凍ったらミキサーにかけて滑らかにし、再び冷凍し、スプーンですくい取って盛る。

あかざ

盂蘭盆《うらぼん》の八月十三日に先祖の精霊《しょうりょう》をお迎えして、十五日の夕方にはお送りするのが慣わしとなっているお盆行事の中で、いちばん苦労いたしますのがお膳の用意です。およその決まりがありますが、毎年同じ物を作るわけにもいかないと考えますのも、もてなしの心得、今年はどんな献立にしようかと、早くから考えていなければなりません。日に三度の本膳料理をお供えするのですから……。しかもお精進《しょうじん》で一膳分、可愛らしい小さな皆具《かいぐ》に盛り付ける分量はごく少量です。煮炊き物など、ちょっと油断していますと、焦げ付かせてしまいますし、味付けも難しいわけですが、永年のカンと申しましょうか、今はごく当り前にこなしている母の作業を見ておりますと、楽しみながらの料理であることがよく判ります。こ忙《ぜわ》しい料理屋の女将の現役ではなかなかうまくゆかないでしょう。まだ若い日は、それはそれは慌しいことでした。

「こんな焦げ臭いもん仏さんは喜ばはらへんぜぇ」文句をつける私に、「かまへんのや、仏さんの好物は、いつもきちんと作って付けているさかい」と給《のたま》いつつ、藜《あかざ》こそ仏様の大好物のご馳走であることを教えてくれました。

ご先祖様が家族に見送られて、お釈迦《しゃか》様のところへ戻られますと、お釈迦様に尋ねられるそうです。「たくさんのご馳走を出して貰ったか。何がいちばん美味しかったか」と。そういたしますと、必ず「藜のお浸しがいちばん美味しかった」と、どこのご先祖様も一様にお答えになるのだと聞かされました。

種子を蒔《ま》かずとも生えてくれる畑の産物は、天与の種《くさ》、万物の好むところとなっては、まさしく御仏《みほとけ》の好物であるのも、むべなるかなと感じ入り、私もまた、この時季、好物の一つとしてお相伴《しょうばん》させていただいております。

アカザ科の一年草。　別名＝ウマナズナ、サトナズナ、レイチョウ

《特徴》　北海道から九州までの日当りのよい畑地や荒地に生える。高さ1メートル内外。茎は直立し、縦に筋がある。葉は互生、長い三角状卵形で、縁は波形。若葉のつけ根は紅紫色の粉で覆われる。夏、黄緑色の細かい花を穂状につける。

《採取法》　春から夏に、若芽、若葉を摘む。

準備　湯がいて冷水に取り、水に晒して、よく絞る。

◆あかざわさび和え

①あかざは適当にきざむ。
②鶏笹身はサッと湯に通し、水気を拭き取って、ぶつ切りにする。
③わさび酢を作り、①、②を和え、形よく盛る。

◆あかざ炒め物

①あかざの生葉は水洗いして、水気をよく取り去っておく。
②あらめは湯がき、固めに戻し、水気を取っておく。
③くるみは薄皮（渋皮）を取り、適当な大きさに割る。
④熱した鍋に油を敷き、①、②、③を油炒めして、淡口醤油で味をととのえる。

◆あかざ胡麻浸し

①あかざは適当にきざんで、淡口醤油、出し汁に浸して下味をつけておく。
②胡麻を香ばしく煎り、切り胡麻とする。
③器に①を盛り、上に②をたっぷりかける。

たで

「蓼《たで》喰う虫も好《す》き好《ず》き」で、蓼の葉をご存知ない方でもこの言葉はご存知であり、一度や二度はお使いになった経験がお有りのはず。ピリピリと辛味ばかりの草の葉が、虫喰いの穴だらけ。「まあ、こんな辛いもんを好んで食べる虫がいるもんだ」と、実際に感心させられる蓼の葉は、初夏ともなると、川の岸辺に繁茂してまいります。季節というものは相性の合うものをも揃えて生み出すのか、若鮎《わかあゆ》の成長とともに蓼も大きくなってきますし、辛味も鮎に脂がのるのに合わせるように、強く深くなって行きます。

私が子供の頃の美山荘は、料理屋というよりも宿坊《しゅくぼう》的存在でしたのと、峰定寺《ぶじょうじ》へ参籠《さんろう》の人が交通事情などの関係で低迷の時代でしたので、釣りの好きな父親の獲った魚はほとんど自分たちで食べました。鮎、天魚《あまご》、石伏魚《ごり》に加えて、いろいろな雑魚《ざこ》もおりました。眠いのを我慢して夜網の供をさせられたのも昨日のようですが、〝生け担桶《いたご》〟の中が見る見る黒くなってゆく魅力には逃れられない愉しさがあり、ワクワクしてついて行きました。雑魚の中には鰍《かじか》という石伏魚の親玉のような魚がいて、〝そーめん〟のつゆに欠かせないお出しの役を果たしていました。〝そーめん〟は母が湯がいて川に冷やしておきます。父が鮎を釣ってきます。「川からそーめん揚げて来てんか」母の声を後ろに、川へすっとんで行き、ザルからそーめんを指にひっかけ一掬《ひとすく》いツルツルとやり、蓼を一握り摘み、ポケットにねじ込んでは、ザルをかかえて戻ります。次々に焼け上がる鮎の塩焼き、品よくまとまって旨味がからまったそーめん、蓼酢が食の進行係、どれほどの鮎を食べたことでしょうか。旨味も美味しさも心入れも腹いっぱいに食べても、至極当然と思っていたことが、今にして思えば、極めつけの食事をさせて貰った記憶となって蘇《よみがえ》ります。私も蓼喰う虫なのでしょうか。

タデ科の一年草。　正称＝ヤナギタデ　別名＝ホンタデ、マタデ
《特徴》水辺や湿地に生える。高さ40～60センチ。葉は互生、広披針《こうひし》形《けい》、緑色で、辛味がある。秋、白色で微紅色を帯びた穂状花を開く。アイタデ、アザブタデ、イトタデ、ヒロハムラサキタデ、ムラサキタデなども食用とする。
《採取法》春から秋に若苗と葉、秋に花茎を摘む。

準備　枝から葉をちぎり取り、水洗いして水気をよく取り去る。

◆鮎 たで煮浸し

①鮎はサッと白焼きにする。
②酒2、濃口醤油1、みりん1・5の割の煮汁を煮立て、①を入れて煮浸しとし、たでの葉をたっぷり入れて仕上げる。

◆あぶらめたで酢かけ

①たでは擂り鉢に入れ、塩少々を入れてよく擂り、酢少々でのばす。
②あぶらめは鱗《うろこ》を取った皮目を骨切りし、ふり塩をして焼き、焼き上がりに①を刷毛で塗る。
③酢取りみょうがを作り、輪切りにして、あぶらめに添える。

◆うなぎ きゅうり たで酢の物

①たでは粗くたたいておく。
②うなぎは開いて白焼きにし、長さ6センチ、幅1センチくらいに切る。
③きゅうりは6センチの長さに切って、縦に薄く切り、塩もみし、軽く水洗いする。
④たで、うなぎ、きゅうりを混ぜ、三杯酢で調味する。

ひゆ

夏の夜、谷川の岸に生茂る柳の藪の合間をぬって、投網を打ち、流れを溯《さかのぼ》る。父に連れられての生活実習であったのでしょう。鮎《あゆ》や天魚《あまご》が獲れることが何よりでしたが、雑魚《ざこ》もたくさん網にかかります。今は絶滅寸前の鰍《かじか》もよくかかりましたが、もう完全に絶滅してしまったのか、全く見かけなくなった〝アカリコ〟という小魚がいました。ちょうど鯰《なまず》を極小にして赤くしたような姿をしていて、うっかり手で触ろうものなら、チクリと刺されて、それがいつまでも痛くて、川の嫌われ者でした。網にかかった〝アカリコ〟は、石で頭を一撃されて、生《い》け担桶《たご》の中で腹を返して浮いていました。中には気絶から醒《さ》めて平気で泳いでいる、剛の者もおりましたが、こんな〝アカリコ〟だけを集めて、煮て、莧《ひゆ》を加えて玉子とじなどにして食べますと、とても美味しい川魚料理の一品が出来たものです。

莧はインドが原産とされており、藜《あかざ》は中国から渡来して、いずれも野菜として栽培されてきたようですが、今はその面影もありません。ただ、畑に自生する一年草くらいにしか人の目に映りませんが、莧も藜と同じく〝仏様《ほとけさん》のご馳走《っつぉ》〟とあっては、祖先が大切にした野菜であって、言わば、京の伝統野菜です。〝鹿ケ谷《ししがたに》カボチャ〟などもその内、莧や藜と同じように歴史上の美味として〝仏様のご馳走〟になってしまうのかしらん。

時代が移り、今年は平成元年。莧も藜も昭和の時代の夏よりも、もっと時の人から離れて野草に戻ってゆくのではないでしょうか。改良されて、旨味のある新種として伝承されない限り、同じ味をいつまでも他人《ひと》は美味とは認めてくれないものかもしれません。畑の莧や藜が天を仰ぎ、仏に救いを求めているようにも感じられます。されど、人の世は美味求真。

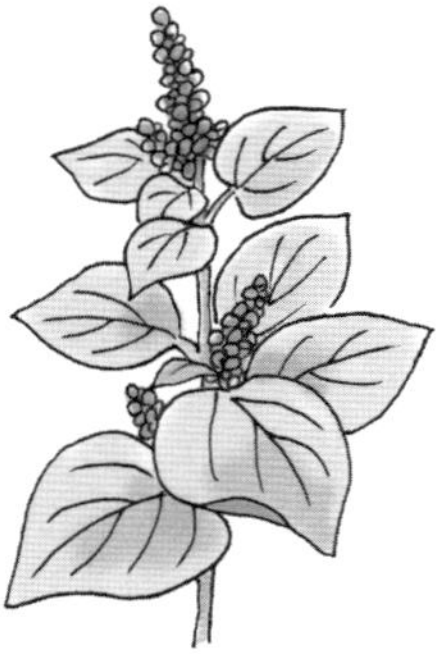

ヒユ科の一年草。別名＝ヒョウ、ヒョウナ
《特徴》インド原産。畑で作られるが、自生も見られる。茎は直立して高さ1～1.7メートル。葉は長柄があり、菱形卵形で互生。緑色が普通。紅色、暗紫色、紫斑点などもある。夏から秋に、茎頂と葉腋に黄緑色の細かい花を穂状につける。仲間のイヌビユは食用にしない。
《採取法》春から夏にかけて、葉を摘む。

準備　虫喰いのない葉を選び、水洗いしておく。

◆ひゆ　なんきん黒胡麻和え

①なんきんは薄い短冊に切り、軽く湯に通して冷水に取り、水気を切り、二番出しに浸す。
②ひゆは塩湯がきして冷水に取り、水気を切って絞る。
③出し汁、淡口醤油で浸し地を作り、①と②を浸し、黒胡麻で和える。

◆ひゆ　ちりめんじゃこ酢の物

①ちりめんじゃこを二杯酢にやわらかくなるまで浸しておく。
②ひゆは塩湯がきして冷水に取り、水気を切って二番出しに浸しておき、軽く絞る。
③①に②を混ぜ入れて、味加減をする。

◆ひゆ　豆腐味噌汁

①二番出しに煮干しを加えて出し汁を取り、田舎味噌を溶き入れて味噌汁を作る。
②豆腐は適当な大きさの角切りとして、①に入れる。
③水気を取ったひゆを②に入れて、軽く煮立たせ、椀に入れる。

うめ

「梅は咲いたか、桜はまだかいな……」口ずさみながら盃《さかずき》をチュ、チュと鳴らしますのも春《しゅん》宵《しょう》の愉しみですが、初夏ともなると、早や小さな梅の実が枝にポツポツと並びます。若葉が深緑となって固くなってゆくに従い、その実もまた大きく逞《たくま》しく、見事な青梅へと生長します。

「明日は梅もぎをしよう」祖父は自分が若い頃植えた梅の木が梅林となって生長し、実を採集出来るようになったのと、孫たちを連れてこれをもげる日が来たことがよほど嬉《うれ》しかったのか、竹竿《たけざお》の先を割り横木をかました二股《ふたまた》の道具を前日から用意しての張り切りようでした。

「桃栗三年柿八年、梅は酸《す》い酸い十三年ちゅうてなあ、梅はなかなか実がならんのや。お爺ちゃんが、もいだるさかい、みんな上手に拾うのやでぇ」と、竹竿の道具を器用に使って梅の実を採り、籠《かご》に溜った分を家に運ばせ、ニコニコしていた爺さんの顔を想い出します。大きな桶《おけ》にこれを入れて水を張り、時どき水を替えては梅干しの仕度をします。ほどよく軟らかくなったものに塩をつけて、「スーッ、スーッ」と時に口を尖らせて湧き出る唾《つば》を吸いながら、爺さんに内緒で食べては見つけられ、「コラッ、またやっとる。青梅を食べたら病気になるっちゅうに」と叱られたものです。祖父は私が小学校一年生になった六月、青梅の小粒を枝に観て他界しました。

青梅の甘露煮を覚えたのは、こんな祖父の心も継ごうと料理人を目指した、まだ日の浅い頃でした。ガラス瓶に煮梅が詰まった〝青梅の雫《しずく》〟と表示してあるものをお客様から頂戴して、「そうか、青梅も煮て食べるとええのやなあ」と幾度も失敗しながら、美味しい煮梅が出来上がった時ほど嬉しかったことはありません。爺さんが「そうや、そうや、もう青梅を食べてもええぜぇ」と許してくれたようにも思えて、〝青梅の雫〟に再度感心させられたものでした。

バラ科の落葉高木。　別名＝コウブンボク

《特徴》中国原産。古く日本に渡来、観賞用、食用、薬用のため、広く栽植される。早春に5弁花を開く。花は白色、紅色、淡紅色、一重咲き、八重咲きなど、多くの品種がある。6月中旬～7月上旬に果実を結び、熟すと黄色くなる。

《採取法》6月中旬～7月上旬、用途に応じた熟し具合の実をもぎ取る。

準備　ていねいに水洗いし、水気を取る。

◆梅酒

①青梅1㎏に、ホワイトリカー1ℓ、砂糖300～500gの割で漬け込み、1年以上冷暗所に置く。

◆梅干し甘煮

①梅干しは皮を破らないように針で突く。
②80℃以上にならないように注意しながら煮、半日水を替えながら置き、また煮る。3回くらい繰り返す。
③梅干し1㎏に砂糖500gの割で、水をひたひたにしてゆっくり煮る。この時も80℃以上にならないようにする。

◆青梅甘煮

①青梅は針で突く。
②80℃以上にならないように注意しながら煮、半日水を替えながら置き、また煮る。3回くらい繰り返す。
③青梅1㎏に砂糖500gの割で、水をひたひたにしてゆっくり煮る。この時も80℃以上にならないようにする。

みょうが

「親に似ても似つかん子やなあ」と、不思議に思って、真面目《まじめ》に眺めていた茗荷《みょうが》の子は茗荷で、親のほうが茗荷タケ。まことにけったいな植物ですが、とそんな理屈を言っては冥加《みょうが》に悪い、食べすぎると物忘れをすることでもその名を高めていますが、これは昔、お釈迦《しゃか》様のお弟子さんに般特《はんどく》という人があって、ものごとをよく忘れ、自分の名前も忘れてしまうというふうで、その般特が死んだ後、遺骸を埋めた墓から草が生えてきたので、これは般特が名を荷ってきたものであろうと、この草に茗荷という名がつけられたという伝説を聞いたことがあります。

が、私は茗荷を食べないと、季節まで忘れてしまうような気がしてなりません。茗荷は目によいとも聞かされており、目にゴミが入った時など取り出す作用があるとかで、目薬の役目さえ果たしていました。夏茗荷と秋茗荷があって、永いことその風味を愉しめます。季節の初めに藪を分けて捜していますと、土の中から仏手柑《ぶっしゅかん》の先を想わせる姿で芽を覗《のぞ》かせている茗荷は、暫《しばら》くしますとまるまる太った全身を現わし、やがて先のほうに花を開きます。花弁の薄い花ですが、しっかりとしていて、しかも白地にうっすらと紅を差したような色彩のこの花は、すっきりとして美しく、上品でまことにつつましやかな、日本的な花です。

ある秋に、茗荷藪を刈っていましたら、真赤にして固く、その姿はまさしく仏手柑の小型という風体《ふうてい》のものを見つけました。大中小と合わせて三個、他にはいくら捜してもありません。奇妙な物体を見つけた思いは、まるでブッシュマンが初めてコーラの瓶に接したあの映画のシーンと同じでした。床飾りにして、これが茗荷の華としました。

（竹の花が咲くように、珍しく茗荷の季節が終わってから赤い華が出来ることがある。在所の人でも一生に一度見るか見ないかの珍しいもので、彼らは茗荷の精だと言っている。）

ショウガ科の多年草。　古名＝メガ
《特徴》　山野の樹下などに生える。高さ40センチから1メートルくらい。特有の芳香がある。葉は長楕円状披針形で30センチ内外、下部は長い葉鞘となり、鮮緑色で葉質はやわらかい。盛夏の頃、地下茎から、筍状の花穂が出て、淡黄色の花をつける。
《採取法》　初夏に若茎、夏に花穂を地下茎のきわから切るかもぎ取る。

準備　水洗いして、水気を取る。

◆みょうが黄味ずし

①みょうがは湯がいてザルに上げ、ふり塩して甘酢に漬け、色出しして、皮を1枚ずつほぐす。
②茹で卵の黄味だけを裏漉しする。
③じゃがいもを蒸し、裏漉しする。
④同量の②と③を混ぜ合わせ、砂糖、塩、酢で味をととのえ、みょうがの大きさに小分けしておく。
⑤①のみょうがの皮に④を詰め、皮を重ね合わせて元の形のように作る。

◆みょうが 小鰯酢の物

①みょうがは縦半分に庖丁して湯がく。小鰯《いわし》は3枚におろし、腹骨を取る。
②田舎味噌で酢味噌を作り、みょうがと小鰯を和える。

◆焼みょうが

①みょうがは縦半分に切り、中の芯を取る。皮はおいておく。
②みょうがの芯を細かくきざみ、白身魚の擂り身に混ぜる。
③①のみょうがの皮に②を詰め、たれをつけて焼く。

いわなし

崖《がけ》っぷちや土手の岩肌を這《は》うように生えている岩梨《いわなし》の鈴蘭《すずらん》のように連なった白く固い蕾《つぼみ》が開くと、透明なクリーム色で花弁の先が紅く縁取りされた、ちょうど明治の初めに流行った手吹きガラスの氷鉢、あれを幾つか並べたような美しさです。この花が観たくて、手に細い棒を持ち、山へ入るのが日課となります。岩梨は蝮《まむし》の好物と教えられた日から欠かせぬ道具となった細い棒で、ヒョイ、ヒョイと岩梨の葉を捲《まく》っては花を観て歩くのです。やがて花の根っこに小さな固まりが出来、だんだん大きくなって実となり、さしもの美しい花も枯れて落ちます。その頃には実が立派に生長し、産毛《うぶげ》を立て、したたかに夜露を溜め込んではキラキラと輝いています。ネバネバした粘液《やに》を出して身を固め、まるで日向《ひゅうが》カボチャのミニチュア状の姿に生長します。頃合を見計らって採集ということになるわけですが、問題の蝮クンも頃合を伺《うかが》っているに違いありません。出くわせばやはり怖いし、棒の先で周りをトントンと叩いて確かめた上で、おもむろに持ち上げた葉の蔭に岩梨が鈴成り、早やばやとパッと弾けて金色の粉を吹いているものもあります。「イワナシはカネを吹いたら喰いごろや」と教えられた言葉を思い出します。まずは一粒を口にポイ。甘酸っぱい香りと味が拡がっていきます。旬の味やなァー、舌ざわり、歯ざわりが長十郎という梨にそっくり。あの鋭い目をショボつかせて口惜しがるだろう蝮クンの心中を察すれば余りあるけれど、今日は私の勝ちやなァ。

岩梨は、ていねいにゴミを取り、皮をむいて焼酎に漬けて保存するもよし、採れたてを賞味するもなおよし、工夫次第です。例えば、甘味を効かせたゼリーで寄せて菓子にしてみる。洋風の料理にも使えないだろうか。あれこれ考えるのも摘んで帰った後の楽しみです。径一センチほどの小さな実ですが、岩梨はまさに甘露のエキスです。

ツツジ科の常緑小低木。別名＝イバナシ
《特徴》本州以北の日本海側、近畿地方の太平洋側の山地の疎林に生える。日本特産。葉は有柄で互生、茎と葉に赤褐色の剛毛がある。4～5月、淡紅色筒状鐘形の花を数個開く。6～7月、扁球《へんきゅう》形で径約1センチの果実を結ぶ。熟すと胎座《たいざ》が肥厚《ひこう》し、白色で甘酸っぱい。
《採取法》初夏に、熟した実を採る。

準備 ごみを取り除き、水洗いして皮をむく。

◆いわなし 車海老酢の物

①鮑《あわび》を蒸し、サイコロ状に切る。
②車海老を塩湯がきして殻をむき、1センチくらいの輪切りとする。
③水前寺海苔を水で戻し、1・5センチ角の色紙状に切る。
④独活《うど》は1・5〜2センチ角の色紙状に切り、水に晒しておく。
⑤皮をむいたいわなしに①、②、③、④を混ぜ合わせ、三杯酢で和え、器に盛り付ける。

◆いわなし焼酎漬

①皮をむいたいわなしは瓶に入れ、上から焼酎を注ぎ入れ、密封して保存用にしたものを使用する。
②漬かったいわなしを細い竹串に刺して、焼物のツマや八寸の一品に用いる。

◆いわなし付出し

①じゅんさいはよく水洗いしてザルに上げ、よく冷やした器にたっぷりと入れる。
②上から皮をむいたいわなしをパラパラと振り入れ、生醤油を注ぐ。

ぐみ

私の家《うち》からおよそ五百メートル離れた川上に、祖父が遺した栗林があって、四〜五メートルほどの高い土手が取りまいています。そこは黄《き》苺《いちご》や熊苺《くまいちご》などの小さな木から、ドングリの木やグミの木といった、やや背の高い木が入り混じって生えています。ドングリを食べるとドモリになると聞かされていた子供の頃は、その実を拾うことすら気色悪く、「ドドドドッ、ドンングリはな、さわっても、ドッッッモリになっっるでえ」と、ドモる真似をしながら、手にいっぱい拾って投げ合って遊びましたのも、グミ採りに行き、よく熟れた実を選んで食べ、木登りにも飽きたところでのこと。時には間違って渋い未熟なものを口に入れることがあったりして、渋味の残る口をすぼめたり開いたりする相手の動作を見ながら、「お前は渋いのを沢山《ぎょうさん》、食うたんやろ、まぬけめがっ」などと互いに悪たれ口を叩きつつのドングリ合戦は、口の渋さも忘れさせて、またもやグミの木に挑戦する。赤くボターッと膨れて白い斑点とのコントラストの美しい実を口にほうり込む心地よさは格別のもので、そんな実が目に留まった時からもう美味しさを感じます。もちろん、衣服は樹液と実の汁で汚れ、手は小傷の絶え間なしといった連続の日々。

青年の頃になって、大粒に品種改良されたグミの苗を庭続きの土手に植えたものが成木となり、藪となって、手も服もあまり汚すこともなく、大きさも甘さも自然のそれとは比較にならないほど立派なグミに恵まれましたが、あの純粋な風味、純朴な姿が忘れられずに、今も時どき子供の頃に馴染《なじ》んだ木のグミやドングリを訪ねて行きます。「想い出のグリーン、グリーン、グラス・オブ・ホーム」を口ずさみながら、「子供の頃に登った枝もそのままよ」「そっとしておいてほしい、何も年寄りの冷や水ではおへん」ともつぶやきながら……。

グミ科の落葉低木あるいは小高木。　正称＝ナツグミ　別名＝タワラグミ、オオグミ
《特徴》山地に生え、庭木にも植える。高さ2～4メートル。葉は互生、表面は緑色、裏面は淡茶銀色の鱗片《りんぺん》で覆われる。初夏、葉腋に長柄のある淡黄色の筒状花をつける。果実は長さ約1.5センチの広楕円形で、夏から秋に赤熟する。
《採取法》夏から秋に、熟した実を柄ごと採る。

準備　完熟したぐみの実を水洗いし、柄を取って実だけにし、布巾で水気を取り去る。

◆ぐみ いか きゅうり酢の物

①ぐみは縦半分に切り、種を取り除いておく。
②きゅうりは湯がいて色出しし、蛇腹にしてたて塩し、軽く水洗いして絞る。
③いかは塩焼きにして、5センチの短冊に切る。
④①、②、③を三杯酢で和える。

◆ぐみ酒

①ぐみ1kgにホワイトリカー1ℓ氷砂糖300gの割で漬け込み、冷暗所に1年以上置く。
②飲み頃になったものを、グラスに注ぐ。

◆ぐみ甘煮

①ぐみは丸のまま湯がき、冷水に取り、水に晒し、ザルに上げて水気を切る。
②鍋に適量の水を入れ、砂糖を加えてぐみを煮る。形が崩《くず》れないよう注意して煮る。

ゆりね

春の花の季節が終わり、「目には青葉山不如帰《ほととぎす》初鰹《はつがつお》」と心をよぎってゆく句に日本人の感性を想い、初夏を味わいますが、新緑の空を泳ぐあの鯉のぼりも欠かせたくない生活の設《しつら》えです。

華やかな季節から緑一色に自然の化粧が変えられた時、百人百様の想いがあるにせよ、この季節の移ろいほど厳しい時はないでしょう。茶人にとって、炉《ろ》の季節から風炉《ふろ》の季節に変わる大切な節目、それは十一月の炉開きや口切りには及ばないまでも、大切な節会《せちえ》であることには違いありません。それはあたかも、春は冬の名残《なご》りであり、秋は夏の名残りであって、一年の季節を大別すると夏と冬の二極の中に私たちは生かされていると示されているようにも受けとめられます。百花繚乱を味わったあとの、この緑一色の世界では、ちょっとコントラストが強すぎましょう。五月の空の吹流しと緋鯉《ひごい》に真鯉《まごい》こそ日本文化の真髄かと、日本人である誇りを感じずにおれません。

深い緑に少々疲れ気味になる頃には、自然はまた私たちに、息をのむような美しい花を観せてくれます。この季節、山路《やまみち》を歩いていますと、山百合《やまゆり》や笹百合《ささゆり》に出会い、ハッとします。じーっと見つめていますと、彼等《かれら》にも心があることが判ります。何かを私たちに教えようと、話かけてきます。美しい、実に美しい花たちです。山百合は日本の山野を代表する名花だと思います。色といい香りといい、この花に勝るものはないでしょう。清楚にして優しい笹百合。いずれも気高く気品のある花をつけます。他に、ちょっと派手な鬼百合の花、優雅でつつましやかな姫百合の花、一風変わった姥百合《うばゆり》の花。心惹《ひ》かれる花ばかりです。

百合根は美味しく、日本料理に欠かせない材料ですが、この花と接していますと、とても自分の手で掘れません。もっぱら市販の商品化されたものに頼って、親しく賞味させて貰っています。あのホクホクとした風味を……。

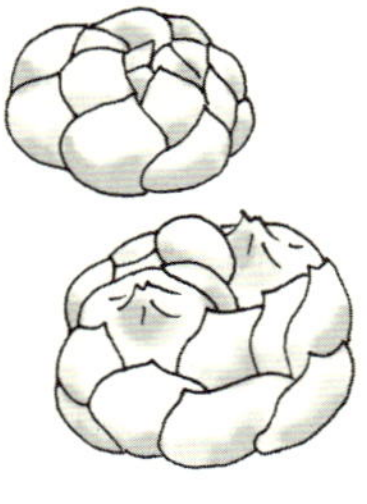

ヤマユリ（ユリ科の多年草）の鱗茎《りんけい》。別名＝エイザンユリ、ヨシノユリ、ホウライジユリ

《特徴》近畿以北の山地、草原に生え、栽培もされる。鱗茎は大形、扁球形で黄白色。茎は高さ1～1.5メートル。夏、茎頂に白色で黄色の筋が入り、赤い小点がある花を数個開く。オニユリ、コオニユリの鱗茎も食用にする。

《採取法》秋から春に、鱗茎を掘り取る。

準備　土を落とし、根を取り、きれいに水洗いして、水気を取る。

◆ゆりね甘煮

①ゆりねは掃除して、花形に切る。湯がいてから砂糖の蜜でしばらく煮て、塩少々を加え、味を含ませる。

◆煮物椀

①ゆりねは蒸して裏漉しにかけ、薄い出し汁で溶いた葛と合わせて火にかけ、塩少々で調味して練る。
②海老は塩湯がきして適当に切る。えんどうは塩湯がきする。椎茸は薄味で煮る。
③擂ったつくねいもと卵白を①に混ぜ、ラップに取り、②を中に入れて包み、饅頭《まんじゅう》の形にして蒸す。
④きぬさやを湯がき、生姜を擂る。
⑤吸地を作り、薄葛仕立てにする。
⑥③を盛り、④を添え、⑤を注ぐ。

◆ゆりねうに和え

①ゆりねは1枚ずつ剥がし、掃除して湯がき、ザルに上げて冷ます。
②うにを裏漉しして、①を和え、盛り付ける。

あけび

「芳《かんば》しきあけび茶といふ新茶もて」京都の俳人・鈴鹿野風呂《すずかのぶろ》先生が吟行《ぎんこう》の宿として美山荘をお使い下さっている頃に、私に遺して下さった句ですが、汲出《くみだ》し茶碗にこの句を写して、〝あけび茶〟の茶碗として使っています。

秋の山果でいちばん早いのが、この通草《あけび》の実です。蔓《つる》はいろいろな細工物になって重宝にされていますし、あけび茶はもちろん新芽で作るといった具合で、用途の広い植物です。通草は比較的粘《ねば》りの強い木を伝って蔓を伸ばしますのか、登っていて枝が折れたことがなく、かなり梢《こずえ》のほうまでの冒険をしたものでした。今にして思えば、納得のゆくことばかりですが、父は私に勉強しろなどとは一言も言わずに、暇さえあれば川へ連れて行ったり、山へ連れて行ったりしておりました。通草採りに行ったある時、細い木の梢に、パッと開いて綺麗な通草が数個生《な》っているのを見つけて、「あれを採れ」と言います。木が細すぎて登りづらく、難儀をしていましたら、お尻を押し上げ、「手を離すぞっ、梢にしっかりぶら下がれっ」と放たれました。木は小さな私の重みにもかかわらず、徐々に折れ曲っては、私の足が地に着いたところで、ようやく手を貸してくれ、無事に通草を採ることが出来ました。以来、その通草採りの手法が自慢で、学校の帰り道、悪童連に名人技を伝授するのが常となり、道草の時間もおのずから永びく破目となりましたが、そんな道草が、私の大人になってからの人生に、大いに成果を発揮しています。

実の中身は、トロッとした半透明になって種子《たね》が透けて見えるのを最上としますが、うっかり出遅れると、野鳥に先についばまれて、木登りの苦労も水の泡となることもしばしば。口いっぱいに甘い通草の実を頬ばり、溶けた果肉だけを喉へ送り、たくさんの種子だけを口内に残す技巧はむずかしく、これぞ食の技かと、山の住人の自慢です。

アケビ科の蔓性落葉低木。　別名＝アケビカズラ、ヤマヒメ、アケウベ、テンテンコボシ、アケビヅル

《特徴》北海道を除く各地の山野に生える。葉は掌状複葉《しょうじょうふくよう》で、3小葉と、5小葉とがある。4月、淡紫色の花が総状花序につく。秋、長さ10センチ内外、俵形の実がなり、熟すと縦に割れる。果肉は乳白色半透明で、黒色の種子が多い。

《採取法》春に新芽と若葉、秋に実を採る。

準備　あけびの実は指またはスプーンで器に取り出す。皮は塩湯がきし、一晩水に晒してから水気を取り去る。

◆オレンジゼリーあけび風味

①あけびの実を裏漉しし、ホイップして、あけびクリームを作る。
②オレンジを刳り抜き、ゼリーにして固め、①を上面にかける。

◆あけび味噌焼

①あけびの皮は砂糖、淡口醤油で下味をつける。
②白味噌に三分の一量ほど田舎味噌を混ぜて、湯煎にして練る。
③きのこを細く切り、②に練り込む。
④①に③の味噌を詰め、糸で巻き、油で炒め焼きし、切って盛る。

◆あけび麹和え

①あけびの皮は4センチくらいの拍子木に切り、淡口醤油、出し汁で下味をつける。
②にんじん、ちしゃとうも同じ大きさに切り、サッと湯がく。ちしゃとうは冷水に取る。
③麹は60℃以上にならないように保温して1日置き、やわらかくして、塩で味付けし、①、②を和える。

ほうきぐさ

「あんたン所《とこ》の辺りで、トンブリっちゅうの採れますか」と聞かれて、「そんなもんおへんなあ。そりゃあ何《な》ンですのや?」と尋ねても、ただ、キャビアのような小さなツブツブの草の実で、あっさりとして美味しい、という説明だけでした。それが箒草《ほうきぐさ》の実であることは、その後、図鑑によって知りましたが、肝心の実がどんなものなのか、想像は出来ても味まで判らず、中央市場の珍味屋さんに頼み込み、取り寄せて貰ったことを記憶しています。

箒草は昔、ハハキギとも呼ばれて、草箒《くさぼうき》を作るために、我が国に渡来して育てられたものだそうですが、私の子供の頃には、我が家の囲りにもたくさん生えていて、夏の終り頃には、日蔭に干しておいて、箒を作っていました。竹林の少ない山里ならではの箒かと考えますが、この箒草も次第に姿を消して、今日ではほとんど見ることが出来ません。手間をかけて作る箒よりも、市販の箒を買うほうが合理的だからでしょうか。詳しくは覚えていませんが、真白で美しく箒らしい箒であったように、心に残っています。

箒草の実は秋田の名物になっていますが、皮をむいて綺麗にするのが大変な作業で手間がかかります。その内、キャビアのように高価な食品になるのかもしれません。京都の北山のこの辺りでは、トンブリとしての箒草の実は食品にしておらず、もっぱら、箒を作るための箒草であったようです。箒を作れば実が採れず、実を求めれば箒が出来ません。と言うのも、実が稔《みの》るまで待っていれば、固くなって箒になりません。穂先のしなやかさを身上とする箒には最適の材料であったことと思いますが、これも合理性の蔭に消えていった、生活文化の一つかもしれません。

営業用の料理献立には入っていませんが、トンブリにキャビアを混ぜて食べると、なかなか美味しく、日本酒の肴になります。

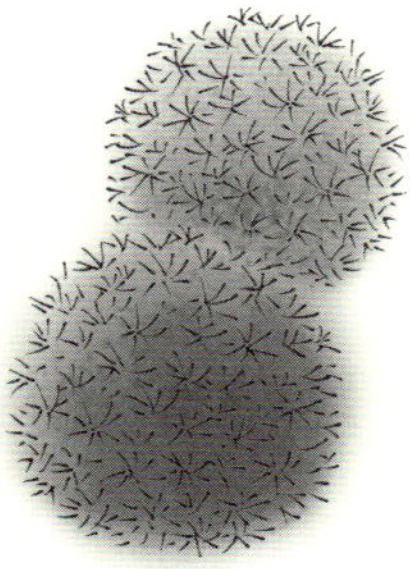

トンブリ（実）

アカザ科の一年草。　正称＝ホウキギ　別名＝ハハキギ、ニワクサ、ネンドウ、

《特徴》　古く中国を経て渡来し、畑や庭に植える。高さ1メートル内外。茎は直立し、多く枝分れし、初めは緑色で、生長すると赤色になる。葉は互生、細長くて3本の脈がある。夏、黄緑色の小花が穂状に咲く。果実は平たい球形。

《採取法》　春に若葉を摘み、秋に若い実を採る。

準備 とんぶりは水で洗い、布巾に取り、よく絞って水気を取る。市販されている瓶詰、缶詰などのとんぶりを使うと便利。

◆幽庵だいこん とんぶり付出し

① だいこんは拍子木に切り、酒、淡口・濃口醤油半々、みりん少々の漬け汁（幽庵地《ゆうあんじ》）に昆布を入れ、柚子の汁と輪切りを入れ、15分間漬ける。
② とんぶりに①をまぶしながら盛り付ける。

◆サーモンとんぶりよごし

① サーモンを薄切りにして、とんぶりをまぶしながら盛り付ける。

◆とんぶりキャビア ゆりね包み

① ゆりねは1枚ずつ剥がし、きれいに掃除して水洗いし、蒸して、裏漉しにかけ、塩で味付けする。
② 広げた布巾に①を適量取り、とんぶりをのせ、包むように茶巾《ちゃきん》絞りにして、形をくずさないように盛る。

えごま

斎藤道三《どうさん》の油売り、あの銭穴にタラーリ、タラーリと油を通す技の話はあまりにも有名ですが、隠れた伝説では、近江《おうみ》は朽木《くつき》の社《やしろ》に〝物の怪《け》〟が出て、夜ごと灯明《とうみょう》の油を吸うとあって、捕えてみれば勉学の徒が明りに使う油を盗みに来ていたなどと、当時の油が大変入手しにくい貴重なものであったことを物語る話は、たくさん残っています。その頃の油こそ、このエゴマから採った油であったと聞いております。

そんな話を知るまでは、エゴマと言えば小鳥の餌《えさ》くらいにしか考えていませんでした。近頃は、小鳥を飼う家が少なくなってか、めったに見ることがありませんが、以前は街のあちこちに小鳥屋があって、近づくとこのエゴマの臭いがプンプン漂っていました。

料理人になってまだ年が浅い頃、従兄が飛驒の高山で有名な精進《しょうじん》料理店〝角正《かくしょう》〟さんに案内してくれました時に、初めてエゴマを食べて感激したものでした。それは、小さなジャガイモに絡めた味噌の中に潜んでいて、私の味覚体験にはない味を持っていました。お接待下さった口数少ない上品な女性に、思わず「ウニ味噌ですか」と聞いてしまい、顔を赤らめたものでした。考えるまでもなく、精進料理にウニが使ってあるはずがないものを、と恥じ入った次第です。それほどに深い旨味のあるエゴマ味噌にすっかり魅せられて以来、エゴマが私の調理場に常住することとなり、味の演出家としての役目を果たしてくれております。

エゴマに不馴《ふな》れなお客様から、「何い、エゴマ？　そんなもの小鳥の餌と違うんですか？」と、怪訝《けげん》な声を聞いたものでしたが、今日ではその時代がかった風味は珍重され、歴史的な関係《かかわり》から生み出される一連の物語も肴となって、座を愉しませているようです。味噌にする場合は、特に八丁味噌との相性を好むようです。

シソ科の一年草。別名＝アブラシソ、アブラエ、ジュウネ

《特徴》路傍、野原、山地に生える。茎は四角形で直立分枝し、高さ60～90センチ、白毛がある。葉は対生し、卵円形。夏から秋に、枝先に総状の花穂を出し、白い小さな花を密につける。花後、種子が出来る。直径約2ミリ。

《採取法》9～10月頃、穂になった種子をしごき取る。

準備　香ばしく煎り、摺る。

◆焼茄子えごま醤油

①茄子は炭火かガスの直火で焼き、熱いうちに皮をむき、両端を切り落とし、縦に裂く。
②器に盛り付け、摺ったえごまに濃口醤油を混ぜ、上からかける。

◆新じゃがえごま味噌和え

①えごまはとろみが出るまで摺る。
②八丁味噌、酒、みりん、砂糖を合わせたものを湯煎にして、よく練り、①を加えて練り上げる。
③新じゃがはタワシか布巾で薄皮をこすり取り、湯がく。
④新じゃがに②をからめ、盛り付ける。

◆きぬさやえごまよごし

①きぬさやは筋を取り、塩ゆがきして冷水に取り、水気を切り、淡口醤油、出し汁に浸し、下味をつけておく。
②きぬさやの水気を軽く切り、摺ったえごまをまぶして盛り付ける。

むかご

「雨も降らぬに笠《かさ》さして……」この辺りでは、蓑《みの》とともに笠は大切な雨具でした。蓑笠の笠のことです。竹ヒゴと竹の皮とで出来た笠は、茶席で使う露地《ろじ》笠を小さくしたような形をしており、杣人《そまびと》が蓑笠をつけて歩く姿は、なかなか恰好よく、筏師《いかだし》が青い竹竿《たけざお》一本持って筏の上に立った蓑笠姿などは、男のロマンが見えて、それはそれは素晴らしいものでした。それに比べ、今日の雨合羽《あまがっぱ》など貧相で職業の誇りなど微塵《みじん》も感じさせず、情ない限りと思います。衣服を通して職業に憧《あこが》れを持つといったことはよくあり、これがユニフォームというもの、とも思って周りを見てみますと、誇り高い衣装というものにはめったにお目にかかれません。ともあれ、そんなバッチ笠を振り廻して遊び、大人の真似をして、社会に憧れて育ちましたが、このバッチ笠がムカゴ採りには欠かせない道具でもありました。

ムカゴは自然薯《じねんじょ》、すなわち私たちが山芋と言っているものの子供です。自然薯は根菜ですが、ムカゴは蔓《つる》の部分にコロコロとして湧き出るようについてくる実のことです。よく実が詰まってくると、蔓から離れて土に戻るように自然の仕掛けが出来ていますので、落ちる寸前が採集適時でもあるわけです。皿のようなバッチ笠を逆さにして受けて、蔓をゆすぶりますと、実の詰まったものだけがパラパラと蔓から離れます。充分に自然の滋味を吸い込んで、山芋の種としての資格を備えたムカゴは美味しく、生のまま抓《つま》んで口にほうり込んでも絶妙の風味があって、歯ごたえよく、美味しさの原点とは「こんなもんやろなあ」と感心せずにはおれません。ところが、蔓性のこれら植物は、決まって他の樹木に巻きついて伸びますので、木を育てる人にとっては邪魔者に他ならず、根元から切られて枯れている姿を見るのは、ムカゴを求める者にしてみれば、まことに忍びないことですが、いたし方なしと考えています。

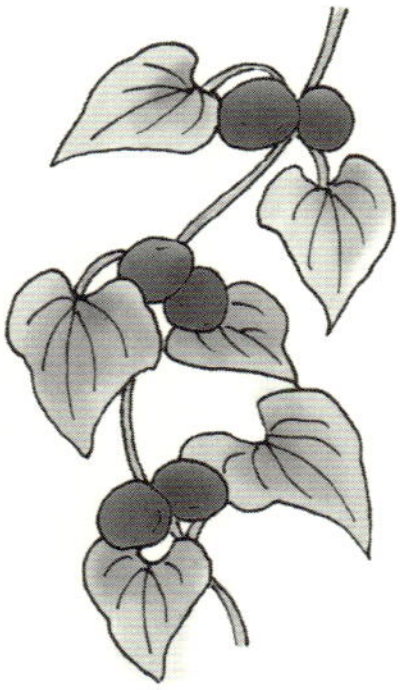

ヤマノイモ（ヤマノイモ科）の珠芽《しゅが》。
《特徴》各地の山野に生え、栽培もする多年生蔓草。地中に長い円柱形の多肉根がある。茎は左巻きに長く伸び、葉は対生で長柄を有し、長心臓形。雌雄異株《しゆういしゅ》。夏、白色の小花を穂状につけ、三稜翼を持つ実を結ぶ。
《採取法》葉のつけ根に生じる珠芽を「ムカゴ」といい、これでも殖える。秋にムカゴを採る。

準備　摺り鉢に入れ、ゴロゴロ転がして洗い、よくすすぎ、ザルに上げて水気を切る。

◆むかご飯蒸し

①むかごは酒と水で煮て、みりん、塩で味をつけ、ザルに上げる。
②もち米は一昼夜水に漬けたものを用い、蒸す。蒸し上がったら①の煮汁で味付けして、むかごを混ぜ合わせる。
③蒸籠《せいろ》に入れ、二度蒸しして仕上げたものを盛る。

◆むかご松風

①むかごは熱湯で湯がき、ザルに上げ、ふり塩する。
②豆腐を固く絞り、裏漉しし、白味噌、つくねいもを加えて摺り、塩と砂糖で調味し、①を混ぜ、流し缶に移して、オーブンで焼く。
③焼き上がったら頃合に切って盛り付ける。

◆むかご葛寄せ

①むかごは湯がいてザルに上げ、ふり塩する。
②出し汁で溶いた葛を練り上げ、砂糖、塩で調味し、①を入れる。

そば

峰定寺《ぶじょうじ》の先代住職・佐藤昇道《しょうどう》さんは私の従兄で、なかなか口うるさい人で有名でした。清貧を旨とした生活信条はよかったのですが、酒を飲みすぎたせいか、先年五十一歳で若死にしてしまいました。その昇道さんの親爺さんが山形の出身で、蕎麦《そば》に詳しく、食糧不足の時代に、よく〝カイモチ〟や〝蕎麦団子〟など作って食べさせてくれました。蕎麦粉を作るのに、石臼を使いゴロゴロと手で廻して、朝から夜中《やちゅう》まで臼音を轟《とどろ》かせていたものでした。

そんな蕎麦粉で作った蕎麦が懐かしく、飛行機に乗って山形まで蕎麦を食べに行きました。山形空港から車で約一時間半、〝あらき〟という蕎麦屋さんがあって、なかなか繁昌しているお店でした。入った所に囲炉裏《いろり》があって、坐っておられる人の側にお相伴《しょうばん》させて貰いましたら、黙って水屋から茶碗を出して急須に茶を入れ、黙って茶を勧めて下さいました。初めて御主人と悟り、挨拶をしましたら、暫《しば》く経って、「何処《どこ》から来られましたか」と、口を開かれました。かなりの言葉を交してのち、やっとニコッとされたのを見て、「東北の人やなあ」と、佐藤の叔父が懐かしくなりました。蕎麦もお人も本物であったことは論を俟《ま》たず、いつまでもよい蕎麦を作り続けていただきたいと願っています。

可憐にして雅味《がみ》を持つ清楚な白い花を咲かせて、滋味《じみ》に富んだ実を結ぶ、あの姿はあの力は一体何を意味しているのでしょうか。蕎麦は痩《や》せ地に育ったものほど美味しいと言われています。ただ、美味しいということでツルツルと喉ごしを愉しむだけでは、もったいないような気がしてなりません。よく噛みしめて味わい、腹に納めたいものです。

蕎麦殻はまた、枕の中身に最上とされていますが、万一の時のための食糧に、との先人の智恵であって、枕を高くして寝るということの意味も、この辺りにあるそうです。

タデ科の一年草。古名＝ソバムギ
《特徴》古くにわが国に伝えられ、各地の畑で栽培される。夏ソバと秋ソバに大別される。茎は直立して分枝し、高さ40〜70センチくらい、円柱形で中空。葉は互生、心臓形。夏あるいは秋に総状花穂に白色の小花をつける。実は3稜がある卵形で、乾燥すると黒褐色になる。
《採取法》夏または秋に実を収穫する。

準備　各項参照。

◆そばかいもち

①そば粉は水で少しずつ溶き、火にかけて練り、塩少々で味をととのえ、頃合の大きさにちぎる。
②洗いねぎ、大根おろしを作る。
③二番出しに追がつおし、淡口醤油、みりんで調味する。
④①を温めて椀に盛り、②を入れ、③を注ぎ、短冊海苔を添える。

◆そば茶

①そばの実をゆっくり煎る。土瓶にそばの実を入れ、熱湯を注ぎ、茶漉しで漉す。

◆そば雑炊

①そば米は何回も水を替えながら洗い、2倍の水でアクを取りながら煮る。水がなくなり、やわらかくなったら、ザルに上げる。
②あなご、椎茸、にんじんは頃合に切る。みつばは軸のみ切り揃える。
③一番出しにあなご、椎茸、にんじんを入れて煮る。火が通ったら、塩、淡口醤油で味付けし、①をほぐし入れ、火からおろしぎわにみつばを散らす。

やまぶどう

昨年、東ドイツのロストック出身の画家ラデロフ氏が、故郷で個展を開きたいとの願いが叶って、京都の友人大勢が陣中見舞と称して訪欧することになりました。団長は天龍寺のご老師・平田精耕猊下《せいこうげいか》とあって、私たちは市の公式の客となり、猊下の講演や揮毫《きごう》、光悦寺の山下宗匠ご夫妻の奉仕による茶席の手伝いをいたしました。ロストック市長様肝煎の歓迎パーティー、観光など、一応の行事を済ませて、次の訪問先ウィーンを訪ねました。

その日の昼食は、大きな森に囲まれた古いホテルのレストランで用意されており、素晴らしい感性の設《しつら》えの中でいただいた料理は、つとに聞き及ぶ通りに美味しく姿よく立派なものでした。中でも最後に出されたデザートには、特に感動いたしました。タップリしたグラスに山葡萄《やまぶどう》とアイスクリームが豊かに盛られて、その美しさといったらありません。山葡萄の粒も、日本のよりもやや大きく、豊かさを感じさせるものがあって、その風味も確かなものでした。羨《うらや》ましくても、こんな山葡萄は日本に帰って手に出来るものではないと思うと淋しくなりましたが、お替りもままならず、後ろ髪を引かれる思いでホテルを離れました。

甲州葡萄も、山葡萄に改良が重ねられて今日のような立派なものになったそうですが、西洋のあの立派な葡萄もやはり、山葡萄が改良されたものでしょう。『旧約聖書』創世紀に「ここにノア農夫となって、葡萄園をつくることを始めしが、葡萄酒を飲みて酔い、天幕の中にありて裸になれり」とありますが、平田老師様に教わった「愛酒不愧天」(酒を愛して天にはじず)との詞《ことば》も、古今東西に通じるようです。我が国にも、山道に迷った猟人が、猿の棲家《すみか》に案内され、山葡萄で作った古酒で歓待されて、これからは猿は捕らないと約束した、との伝説があって、考えてみれば、私たちが酒に酔えるのも、山葡萄のお蔭かもしれません。

ブドウ科の蔓性落葉低木。　別名＝オオエビ、ツルエビ
《特徴》　山中に生える。茎は数メートルにもなる。葉は心臓状円形、浅く3～5裂し、裏には綿毛が密生する。夏、黄緑色の小花を円錐花序《えんすいかじょ》につける。花後、エンドウ豆くらいの大きさの液果が、房になって垂れ下がり、熟すと黒くなる。
《採取法》　秋、黒く熟した房を切り取る。

準備　よく水洗いして、一粒ずつバラバラに房から外しておく。

◆やまぶどうジュース

①準備したぶどうの種子を取り、砂糖またはシロップを加えてジューサーにかけ、漉す。但し、ちょっと気になる渋味と酸味をやわらげるために、市販されている普通のブドウを混ぜてもよい。

◆干ぶどう　若狭ぐじ白和え

①若狭《わかさ》ぐじを塩焼にして、身をほぐし、擂り鉢で軽く擂っておく。

②豆腐は水切りして裏漉しにかけ、擂り鉢で擂り、砂糖、みりん、塩で調味して①を加え、さらに擂っておく。

③やまぶどうで作った干ぶどうを二番出しに浸してやや戻し、②で和える。

◆アイスクリーム山ぶどう風味

①アイスクリームを作る。または市販のものを使用してもよい。

②やまぶどうをたっぷり器に盛り、上から①をのせ、さらに上から化粧にやまぶどうを散らす。

くるみ

子供の頃から大好きだったスキー熱が、青年期になっていよいよ昂じては、自分のスキー場に雪がないと、すぐに長野の辺りに滑りに出かけたものでしたが、中でもまだスキー場としての整備がなされていない頃の霧ヶ峰は、スキーヤーと呼べるようなお人は皆無に等しく、山の愛好家が時どきスキーをかついで来るといった具合で、私などは歩いて車山に登り、人影とて見えない真白な山肌を滑り降りること一日に一、二回で、ずいぶん楽しい思いをさせて貰っていました。と言いますのも、車山の麓《ふもと》の沢渡《さわたり》に〝クヌルプ〟というヒュッテがあり、夜になるとウイスキーなどを飲みながら、何かむずかしいことばかりを話す人たちがストーブの周りを占領していて、まだ酒の味を知らなかった私は遠慮しながら、側でコーヒーを飲み、クルミを食べるのが愉しみでした。クルミ割りという道具があることもそれまで知らずにいましたので、その作業も楽しく、まあ、よく食べたものですが、これは大粒の外国産でした。

私の山にもクルミの大木が二本あって、子供の頃にはよく実がついていたのですが、老化のためか最近はあまり実をつけてくれません。これは和グルミとも呼ばれる鬼グルミで、山地の川や谷沿いの水気の多い所に生えています。熟した実を土に埋めておき、外皮を腐らせて核の中身を食べるのですが、「こりゃ実やろか、種やろか？」と考えたものでした。道端や川原の石を拾ってきて、その上にクルミをのせて、鉄鎚《かなづち》や石で叩いて割りましたが、時に手を打つこともあって血マメを作り、痛い目をした割には殻の破片が果肉に混じってしまい、短気者には扱いにくいものだったことが、クルミ割りを見るたびに想い出されます。

果肉を取り出すものがなくて困っていると、母がよく鬢止《びんど》めを差出してくれたものです。プーンと母の髪の移り香があって、私のクルミの味になっていました。

クルミ科の落葉高木。　正称＝オニグルミ　別名＝オグルミ

《特徴》　山野の川沿いに多く生える。高さ20メートル以上になり、若枝に軟毛が密生する。葉は9～15個の小葉からなる羽状複葉、葉裏に柔毛がある。5月頃、尾状花序《びじょうかじょ》が葉腋から垂れ下がる。雌雄同株《しゆうどうしゅ》。花後、石果を結び、核は堅い。栽培品のテウチグルミも多用。

《採取法》　秋、実を採り、核の仁を食用とする。

準備　殻を割り、湯に漬けて、薄皮をむく。

◆くるみ豆腐うにあんかけ

① くるみはよく摺り、葛、水を加えてさらに摺り、すいのうで漉し、鍋に移して加熱し、30分間ほど弱火で練り、砂糖、塩、酒で調味し、流し缶で冷やし、頃合に切る。

② 生うにはふり塩して裏漉しし、煮切り酒でのばす。

③ わさびを摺りおろす。

④ 器に①を盛り、②をかけ、③をのせ、針海苔を添える。

◆干わらび くるみ白和え

① くるみはよく摺り、淡口醤油、砂糖で味付けする。

② 干わらびは水で戻し、もみ洗いしてから鍋に入れ、沸騰させ、火を止めて蓋《ふた》をし、そのまま冷めるまで置く。冷めたものをサッと熱湯に通し、冷めてから淡口醤油、出し汁に浸し、下味をつける。

③ ②を軽く絞り、①で和え、くるみを粗《あら》くきざんで上にふりかける。

◆くるみ甘煮

① 水、砂糖で飴煮《あめに》にし、濃口醤油少量を加え、煮つめる。

とちのみ

雁屋哲さんの漫画『美味しんぼ』で、美山荘の栃餅《とちもち》の話が出てきますが、栃餅は日本の各地で作られているようです。モチ米の足しにと考え出された生活の智恵くらいに思っておりました栃餅も、あの手間暇かかる作業を考えますと、「とてもじゃないが、割りに合わん」代物《しろもの》です。質素に包まれた贅沢が隠されていることが判ります。またもや日本文化の根源を見つけたようで、嬉《うれ》しくてなりません。

アク抜きに使う灰は椽《くぬぎ》を最上とし、悪くても楢《なら》か樫《かし》どまり。水は寒水を頂点として、その前後、もちろん暖かい時季には作れません。栃の実を拾ってきて、水に漬けて虫喰いのものを取り除き、乾燥させて保存したものを一週間水に漬けて戻し、温めて皮を剝きます。実を布袋に詰めて一週間、川の流れに沈めて晒し、灰汁《あく》でアクを取ります。「毒を以て毒を制す」わけですが、双方いずれの力が強すぎても駄目。苦味が残るか、風味までを逃すか、「そこを塩梅《あんばい》ようやるのが技や」と張り切ってみても、妙《たえ》なる心入れを忘れてはどうにもなりません。日本料理は、水と火と心が織りなす結晶であることを、ここでも教えられるのです。

栃拾いがまた大変で、かなりの樹齢をかぞえないと実をつけないらしく、よく実の生《な》る樹は大きくて古く、山の中腹から上に残っていることが多く、道路ぎわなどではめったに見かけません。藪をかき分け、山肌に足を滑らせて、苦心の末にやっと辿《たど》り着き、樹の下を見廻しても拾う実がない。「ああ、先を越された」と、今しがた踏み入れた他人の足跡に悔しい思いをすることもしばしばで、スリルも満喫。蝮《まむし》なんぞとにらめっこ、という場面もあります。

まだ食糧難の時分に、通りかかった街の人が、表に干してあった栃の実を持ち帰り、「茹でて食べようとしたが、苦くて食べられない」と電話で失敬のお詫びをしてきました。「栗や思うてました」で大笑いしたことがあります。

トチノキ（トチノキ科）の種子。　別名＝トチ、ウマグリ

《特徴》　山地に生える落葉高木。高さ20メートル以上。葉は長柄を持ち、対生、掌状複葉《こうじょうふくよう》で小葉は5～7枚。初夏、白花を穂状につける。果実は3～4センチの球形、熟すと3片に裂け、赤褐色の光沢のある種子2～3個が現われる。

《採取法》　秋、種子を採集して、アク抜きして澱粉を取り、食用に使用する。

準備　実は3日間ほど水に漬け、皮をむき、灰を合わせてアク抜きをし、よく水洗いして蒸す。もち米で白餅を作り、蒸した栃の実を入れ、栃餅を作る。

◆栃餅納豆巻

①栃餅はやや固くなったものでもよい。焼きたての栃餅に黄な粉を入れてよくもみ、一口大にちぎる。
②納豆は塩少々を入れ、かき混ぜる。
③①を平たくのばし、②と黒砂糖を入れ、半分に折り包む。黒砂糖がとろけた頃が食べ頃。

◆車海老栃粉揚げ

①栃餅を薄切りにし、1日干して焼き、擂り鉢で砕く。
②車海老は殻をむき、背わたを取り、腹に庖丁を入れ、尾の先を切る。
③②に小麦粉をまぶし、卵白をつけて①をつけ、油で揚げる。青唐を空揚げして、添え盛る。

◆煮物椀

①一口大の栃餅に焼き目をつける。
②鶏笹身は熱湯にくぐらせ、切る。にんじんは切って湯がき、結ぶ。芽かんぞうは塩湯がきする。
③①、②を盛り、吸地を張る。

くりたけ

私の家の前から谷川に沿って林道が続き、石ころに躓《つまず》きながらのそぞろ歩きは、アスファルトに固められた道路と違って趣《おもむ》き深く、ことに落葉の季節などは、たまらない魅力がありま す。この道を五、六分も歩けば、谷川を挟んで、祖父が遺した栗林があって、林道から栗の毬《いが》の弾け具合が手に取るように見えますが、林道の急な土手を下り、谷川を渡って、栗林に続く土手を昇るといった歩道は、年老いた祖母にはきつかったであろうに、と想い出しますのは、華奢《きゃしゃ》な軀《からだ》にタチカケ姿はどう見ても荒い路を歩く仕度ではなく、庭歩きの体裁だったからでした。毎年、季節が来ると補修し、谷川には丸木橋を渡す手入れは施されていても、獣《けもの》道《みち》の姉さん状態とあっては、頼りのものも要《い》るわけで、昇り降《くだ》りに摑《つか》む木や枝が定《き》めてあった様子で、人の手は借りずにこの道を通っていました。

栗林は千坪あまりの小さな平地で、その様相からして、昔は田圃《たんぼ》であったのでしょう。床はきれいに手入れされ、坐っても寝そべっても、そこは心地よい温床でした。祖母は栗の木の根元に坐り、集《かた》まって生えているキノコを採りながら、「お祖父《じい》さんが、孫のためやゆうて、この木を植えはったんやえ」と、独り言を聞かせるように話していました。「おばあちゃん、それ何《なん》やあ」「これはなあ、栗茸《くりたけ》ゆうの」「ヘエー、それ食べられるんかいなあ」こんな調子で遊びながら教えて貰った栗茸は、栗の木の根っこの所に生えていて、傘《あたま》て多少のゴミをかむり、ニョキ、ニョキと出ていました。傘の裏側のヒダがハッキリしていて、茎が縦に裂けるキノコは、たいがい食べられる、とも教えてくれました。そうやって私をたびたび栗林へ連れて行っては、いろいろなことを話して聞かせてくれましたが、本当は、先立った爺さんに想いを馳せていたのかもしれません。ともあれ、その夜の栗茸は、旨かったことは事実です。

モエギタケ科のキノコ。　別名＝キジタケ、アカンボウ、アカキノコ、キッコウモダシ、クリキモタシ
《特徴》秋、クリ、ナラなどの広葉樹の倒木や切り株に生える。傘の径3～7センチ、赤褐色か茶褐色で、中央部は濃い。湿ると粘性を示す。裏側のひだは黄白色から淡紫褐色。傘が黄緑色を帯びるのは同属で有毒のニガクリタケ。
《採取法》秋に株を基部から採る。

準備　ごみを取り、石づきを取って、サッと水洗いしておく。

◆栗茸めし

①栗茸は酒少々でサッと煮る。だいこんは切って、サッと湯がく。
②出し汁に酒、昆布、塩、淡口醤油、みりんで味付けする。
③栗茸、だいこんを入れ、②の出し汁を加えて御飯を炊く。
④炊き上がったら蒸らし、混ぜ合わせて器に盛り、柚子をふる。

◆栗茸　鶏肉　菊菜玉子とじ

①酒、出し汁、さし昆布、淡口醤油、みりんで栗茸と適当な大きさに切った鶏肉を煮る。
②菊菜は塩湯がきし、切って絞る。卵を割りほぐし、①に菊菜を加えてと卵でとじる。

◆栗茸吹寄せ

①栗茸は薄衣をつけ、サラダ油で揚げる。
②栗は渋皮をむき、薄切りにして空揚げする。ぎんなんは薄皮をむいて揚げる。茶蕎麦は松葉に作り、揚げる。
③①と②を形よく盛り付ける。

すぎたけ

北山には、足早にやって来る秋があります。市中より半月も早く、八月も半ばにはもうススキの穂が出て、萩の花が咲き始めます。九月ともなれば、野も山も、「最早、冬支度を」とでも言いた気に、気の早い植物は、そそくさと色を変え始めるものさえあり、秋の気配を漂わせます。雲一つない澄み切った秋晴れの日など、よく国有林地を歩き廻ったことがあります。雑木や、杉、桧《ひのき》の自然林はことに美しく、山の香りが漂う中を、時には風倒木《ふうとうぼく》を潜り、時にはまたぎながら歩き続けるのです。もちろん目的はあります。切り株や風倒木が朽ちかけた辺りから、ぼつぼつ出てくるキノコを捜してのこと。道路ぎわから、ヒョイと見上げた所に栗の風倒木があって、近づいてみると、天然の椎茸が抱えきれないほど生えており、ずいぶん永い間、年ごとにその場を訪ねたものでした。

しかし、こんな幸運はめったに与えられるものではなく、結局、山の中を歩き廻ったり、山で仕事をしている樵人《そまびと》に頼んで、キノコに出合った機会に採ってきて貰うとか、見つけた場所を教えて貰うといった方法に頼るしかありません。それも、よほど懇意《こんい》な関係を保っておかないと、頼りになりません。発見者はその場所を他人《ひと》に教えたがらず、そこは自分だけが知っている穴場であって、季節が来ると、内緒で訪ねるのを愉しみの一つとしているからです。

湿気の多い杉などの針葉樹の倒木や切り株を見つけた時は、期待に心を躍《はず》ませて、杉茸《すぎたけ》を求めて覗《のぞ》きます。私たちが杉茸と呼んでいるのは、正しくは杉平茸のことで、学名にある杉茸のことではありません。肉薄のあの白い肌で折り重なるように生えているのを発見する喜びは、例えようもなく、杉の精にでも出合ったような心地すらしますのも、高潔なあの姿からか、「すんまへん、ちょっと採らして貰います」山の神様に断わらずに手が出せません。

キジメジ科のキノコ。　正称＝スギヒラタケ　別名＝コケ、スギワカイ、シロワカエ、スギカヌカ、シラフサ

《特徴》スギなどの針葉樹の切り株、倒木に生える。傘は初め円形、生長すると2〜6センチの扇形からへら形になる。表面は平滑で純白色、裏面のひだも白色で密、肉も白色で薄い。茎はなく、重なり合って側生する。

《採取法》秋、形を崩さないようにむしり取る。

準備　ごみを取り、きれいに水洗いする。

◆杉茸 軸ほうれん草浸し物

①杉茸は二番出しに少量の淡口醤油で薄味に仕立て、軽く煮ておく。
②ほうれん草の軸は塩湯がきして冷水に取り、水気を切って二番出しに浸す。
③出し汁、みりん、淡口醤油で調味した浸し地を作り、①と②を浸す。

◆杉茸すし

①杉茸は吸地で軽く煮て、冷まし、軽く絞っておく。
②すし飯を作り、①でにぎりすしとする。
③求肥《ぎゅうひ》昆布を適当に切って甘酢に漬け、②の帯にする。がまずみの実の種を取り、飾る。

◆向付

①杉茸を湯がき、冷水に取って水切りし、二番出しに通す。
②あまごは3枚におろし、腹骨を取って、へぎ造りとする。
③そば菜はさっと湯がき、冷水に取り、軽く絞る。
④器に②と①を盛り、③を添えわさびを盛り、加減醤油でいただく。

なめたけ

「初めて滑茸《なめたけ》が出来ましたんで、少しやけど、食べておくれやす」檀家《だんか》寺の和尚《おっ》さんが、自分で作ったと仰有《おっしゃ》るナメコを届けて下さった。祖父がこの寺の先代和尚と仲良しで、しょっちゅう往ったり来たりでしたので、私も子供の頃はよく連れられて行き、庫裡《くり》で一人前の膳を貰い、昼御飯をいただいた覚えがあって、寺から食べ物を貰うと何故か嬉《うれ》しく、「それは、それは。お手間入りのものを」と、有難く頂戴しましたが、ナメコの頭には木の葉の屑《くず》が山のようについて、掃除に一苦労しました。苦労の甲斐あって、見事に育ったナメコの美味しさには格別の風味や歯ざわりがあって、早速、小まめな父親に頼んで、我が山でもナメコの榾《ほた》木《ぎ》を用意し、菌を打って、栽培を始めることにしました。一メートルくらいの長さに揃えた榾木を横に並べて、半分ほど埋めておきます。あのヌメリのある頭に、枯葉の屑が山盛りになってはかないません。細かい木の葉の落ちにくい杉林の中に栽培地を定めました。施策は上々で、ナメコは豊かなヌメリで滋味を包み、競い合うように出て来ます。杉林のお蔭で、その頭には木屑一つなく艶《つや》やかな姿で勢揃いしたところを採って来ます。

それ以来、美山荘の調理場で賄うに足りる程度の量は自家栽培しています。採れ採れを使えることが有難く、ナメコ様さまと喜んでおれますのも、山家《やまが》ならではのこと、山の中を捜し歩けば、橅《ぶな》の倒木や切り株の古いものから出ている天然のナメコを見つけることもありますが、これもそうざらにあるものではありません。標準名ではナメコ茸ですが、通称としてナメコとか滑茸とか呼んでおり、そのほうがなんとなく優しく、親しみが湧くように想います。

近くには京都大学の演習林があり、雑木の原生林も残っており、おそらくそこには橅もたくさん生えていようと想い巡らせていますが、まだ叶わぬ願いであるのが残念です。

モエギタケ科のキノコ。　正称＝ナメコタケ　別名＝ナメコ、ナメッコ、ホンナメコ、ヤマナメコ
《特徴》晩秋から春に、ブナの切り株、倒木、枯木に生える。傘の径5～10センチ、黄褐色で中央部は少し濃い。柄の下半分は短毛が密生。冬期にもよく発育する。粘着性があって美味。おがくずや榾木で人工栽培が行われている。
《採取法》晩秋から春に、基部から株を採る。

準備　石づきをはさみで切り取り、5時間ほど水に漬けてごみを取り、水洗いしてザルに上げ、水気を切る。

◆なめこ汁

①煮干しの出し汁をすいのうで漉し、なめこを入れて煮、田舎味噌を溶き入れ、きざんだねぎを散らす。

◆なめこ　水菜辛子和え

①なめこは吸地で煮る。
②水菜は塩湯がきして切り揃え、軽く絞り、淡口醤油、出し汁、とき辛子で調味し、お浸しとする。
③②に①を混ぜ合わせて盛る。

◆蕪蒸し

①なめこは吸地でサッと煮る。鶉《うずら》は開いて、たれに10分間ほど漬けてから焼き、二番出しにサッとくぐらせて油抜きする。ゆりねは1枚ずつにして湯がく。
②蕪の皮をむき、おろして軽く水気を取り、卵白、塩少々を加える。
③①を盛り、②をかけて蒸す。
④吸地に出し汁で溶いた葛を入れ、葛あんを作り、蒸し上がった③に張り、摺り生姜を添える。

ねずみたけ

光陰矢の如《ごと》く、もうずいぶん古い話になってしまいましたが、私が茶の稽古に通っています頃に、師の井口海仙《かいせん》宗匠を中心にして、「チュウチュウ会」というグループを作っておられました。何でも、子《ね》歳生まれの数寄者《すきしゃ》の集まりで、楽しそうに皆さん方が集まっておられ、私も臨時会員として、時どきお誘いいただき、参加させて貰ったことがあって、あちこちの料亭を訪ねることが出来ました。何しろ、鼠《ねずみ》の集まりですから、美味しいものを食べ歩く会であったのでしょう。「そのうち、あんたとこへも行くわな」と仰有《おっしゃ》って、いよいよお越しいただく日も決まり、献立などに苦心いたしましたが、この鼠茸《ねずみたけ》を献立の幾種かに入れて、喜んでいただいたことがあります。

鼠茸は箒茸《ほうきたけ》の別名であって、学名では、あくまで箒茸です。箒草の項でも触れていますが、箒草の皮をむき、束ねた姿は、実際にこの箒茸とそっくりです。もしや、竹箒しか存在しなければ、このキノコは鼠茸が学名として通っていたかもしれないと、勝手な思いでみておりますと、物の名前というものは、なかなか面白いものです。

鼠茸と言われるように、このキノコを一口大に割きますと、ちょうど鼠の足のような形をしております。「なるほどなあ」と名前の適切さに感心いたします。実物を手に取ってみて覚え易い名前がつけられておりますのも嬉《うれ》しく、私どもは〝鼠茸〟とか〝鼠の足〟と呼んでいます。

鼠茸は、広葉樹林の中の地上に生えており、霜柱の親玉のような姿で地上に顔を出しています。こんなキノコも、市中の市場に箱に入れられて売られていますと、どこにでもあって、いつでも入手できそうに考えられますが、自然の産物の中で、キノコほど捜し廻るか、偶然の出会いを待たねばならないものはなかろうと考えています。秋の山歩きの愉しさも、そこら辺りにあるではないでしょうか。

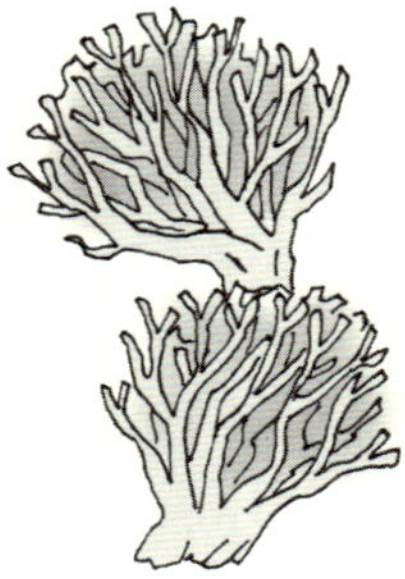

ホウキタケ科のキノコ。　正称＝ホウキタケ　別名＝ネズミノアシ、サキアカ、サキムラサキ、ヤマホウキ

《特徴》秋に広葉樹林中に生える。下部は太い幹をなし、上部は枝状に分岐。全体は白色、枝の先端は淡紅色から淡紫色。同科のムラサキホウキタケ、シロホウキタケは食用とするが、キホウキタケとハナホウキタケは要注意。

《採取法》秋、基部から形をくずさずに採る。

準備　石づきを取り、水洗いしてザルに上げ、水気を切る。

◆鼠茸味噌和え

①鼠茸はふり塩して焼き、頃合の大きさに切る。
②きぬさやは塩湯がきして、針に切る。
③こんにゃくは薄くへいで細く切り、塩もみして水洗いする。
④田舎味噌を摺り、砂糖、みりんで調味し、①～③を和えて盛る。

◆鼠茸照り焼

①鼠茸は頃合の大きさに切り、串を打って炭火で焼き、酒2、出し汁2、淡口醤油1で3回つけ焼きする。
②青唐は焼き、濃口醤油、砂糖で味付けし、添え盛る。

◆鼠茸から煮

①鼠茸は適当に庖丁し、手で裂く。
②昆布は酒でやわらかくし、2センチ角に切る。
③昆布を水煮し、①を入れ、酒、砂糖、濃口醤油で調味し、じっくりと煮上げる。

まつたけ

「香り松茸、味湿地《しめじ》」という言葉をよく耳にいたしますが、この両者ともに近年はずいぶん高価な値がつき、味の宝石と化してしまいました感もありますが、松茸なんぞ(失礼)、昔は山のように食べられた秋の味覚です。

丹波松茸の産地は山国の郷に近いこの辺り、ほんの三、四十年前には、塵土籠《じんどかご》に山盛りを自転車の荷台に積んで帰って来た父親の姿が目に浮かびます。そんな日は、決まって鶏小屋の鶏が一羽姿を消すことになって、スキヤキが夕餉《ゆうげ》になったものでしたが、鶏スキか松茸スキか判らないほど、あしらいは松茸ばかりで、肉を捜すのに苦心したものです。跡取り息子という立場は結構威張っておれた時代のこと、私の我ままは何となく通り易く、鍋の中を掻廻《かきまわ》してはカシワを選んで口に入れたものでした。「また松茸かいなあ」姉は松茸嫌いになって、今でもあまり食べないそうですし、私も雑茸のほうが好きですが、香りも多く肉も厚い松茸は独特の旨味を持ったキノコと言えましょう。私は、珍重されているつぼみよりも、俗に〝ひらき〟と言われる、あの傘の開いたものの重みのあるのに塩を当てて炭火で焼き、スダチかカボスをたっぷり絞って食べるのが好きで、大振りの椎茸も同じ方法でいただきます。しかも丸のまま焼いてから齧《かぶ》りつくのを醍醐味《だいごみ》と心得ており、紙のように薄く包丁されて透けるような松茸の入った土瓶蒸しなどに出逢いますと、松茸が可愛想でなりません。

十月は鶏がいちばん旨い季節。稲の刈り跡に落穂《おちぼ》を拾い、庭先にこぼれた籾《もみ》を拾って豊饒《ほうじょう》の世界を知った鶏が本物のニワトリです。因《ちな》みに美という字は、羊が大という意味で、まるまる太った羊を指すものと、東大寺の清水公照猊下《こうしょうげいか》に教わりましたが、まさに美とは豊饒《ほうじょう》の条件と信じます。季節の物をタップリと食べてこそ、人もまた自然と思えば、文句をつけていた昔のスキヤキが懐かしまれます。

キシメジ科のキノコ。　別名＝クロマツタケ、ツユマツタケ、ナバ、サマツ、ツガマツタケ、ドヨウマツタケ
《特徴》秋、アカマツの根元に菌根を作り共生して生える。時にエゾマツ、ツガなどの林にも生えることがある。傘の径6〜20センチ、初めは半球状で、次第に扁平《へんぺい》になる。表面は淡黄褐色、裏面のひだは白色。独特の香りがある。
《採取法》秋に、茎の根元から採る。

準備　石づきを取り、サッと洗う。

◆松茸　地鶏炊合せ

①地鶏の肉、もつは頃合に切る。
②出し汁、塩、淡口醤油、みりんを合わせた煮汁で①と松茸を煮る。
③きぬさやは塩湯がきし、冷水に取り、八方地に浸しておく。器に②を盛り付け、きぬさやを散らす。

◆焼松茸

①松茸は庖丁目を入れ、丸のままふり塩して焼く。
②菊菜は塩湯がきし、冷水に取り、固く絞ってほぐし、切り揃え、淡口醤油、出し汁で下味をつける。
③酒、淡口醤油で割醤油を作り、すだちを絞り入れる。
④①の松茸を手で裂き、③で味付けして、②をサッと混ぜ合わせる。

◆松茸付出し

①ゆりねは1枚ずつにして湯がく。ぎんなんは湯がいて薄皮をむく。はもの摺り身を出し汁でのばす。
②松茸の傘の大きなものに塩少々をふり、葛粉をふるい、はもの摺り身にゆりねとぎんなんを混ぜたものを塗りつけ、オーブンで焼き、切って盛り付ける。

まいたけ

昔、旅の集団が山道に迷い、困っているところで舞茸を見つけ、あまりの嬉《うれ》しさにその周りを舞い踊った、と舞茸の語源について聞かされたことがありますが、舞茸の姿を見ていますと、大勢の人が手を天に翳《かざ》しては腰をくねらせ、科《しな》よく踊る情景が連想されます。舞茸こそ、ひょっとして、橅《ぶな》の精の踊りかもしれません。真夜中、暗闇の中、あるは月明りの下で、彼らは踊り狂い、グッタリと疲れ果てて眠っている昼間に採られてゆくのではないでしょうか。

隣の在所〝久多《くた》〟に、花笠踊りというのが伝承されており、毎年八月二十四日の夜に行われていますが、各谷間の集落の社《やしろ》から、燈籠にもなっている花笠を持った男たちが燈《あかり》を揺《ゆ》らめかせて、流れの合う中原《ちゅうげん》の本社殿に落ち合い、神社に踊りを奉納します。念仏とも詩《うた》ともつかない、ゆっくりしたリズムを口ずさみながら、ユーラリ、ユーラリと体を揺する踊りは、各集落自慢の力作の造花で飾られた燈籠と一体となり、幽玄そのもの。舞手が替りつつ夜通し踊り続けられます。子供の頃、母に連れられて見た時は、「こんなもん、何が面白いのかいなあ」と、眠くて仕方がありませんでした。むしろ夜半から明け方まで続く賑やかな盆踊りに興味をそそられましたのも、「アリャコリャサッ、アラコリャサッ」との囃子《はやし》の声が勢いよく、眠気を醒《さ》まされたもので、踊り手に加わったこともありました。大人になって、花笠踊りを観に行かれる白洲正子先生のお供をして以来、認識が変わり、地元に伝わるこの幽美な古典行事は、能楽につながり、盆踊りは舞茸につながって、目と心で愉しませて貰っています。

近年では栽培物が市場に出廻って、ますます本物が遠ざかってゆく感がありますが、水楢《みずなら》、橅《ぶな》、栗の大樹の根元に群生する自然の舞茸は、ホロ苦さも伴って毎年出てくれます。それだけに見つけ甲斐もあろうというものです。

サルノコシカケ科のキノコ。　別名＝クロフ、クロマイ、シシタケ、クロブサ、ホンマイタケ、ネズミタケ

《特徴》 クリ、ブナなどの広葉樹の朽木や老木の根元に生える。分岐した扁平な傘が前後左右に重なり、張り出している。傘の径15～60センチ、高さ10～30センチ。傘の表面は灰白色か黒褐色、裏面は白く、浅い管孔が密生。

《採取法》 秋、形をくずさずに基部から採る。

準備　熱湯でサッと湯がき、ザルに上げて水気を切る。

◆舞茸　地鶏炊合せ

①舞茸は出し汁に追がつおとさし昆布して、淡口醤油、みりんで調味した煮汁で煮る。
②地鶏は肉、もつを頃合に切り、酒、出し汁、淡口醤油、みりんで煮る。
③壬生菜《みぶな》は塩湯がきし、冷水に取って絞り、出し汁に追がつおし、淡口醤油、みりんで調味して煮る。
④①〜③を盛り合わせる。

◆舞茸酒蒸し柚子味噌かけ

①舞茸は酒、さし昆布した出し汁、塩、淡口醤油で薄味に煮る。
②白味噌は煮切った酒、舞茸の茹で汁でのばし、湯煎にして練る。
③器に①を盛り付け、②をかけ、柚子の皮を摺ってたっぷりかける。

◆舞茸　とんぶり　菊花和物

①舞茸は酒、さし昆布した出し汁、塩、淡口醤油でサッと煮る。
②とんぶりは水洗いし、布巾で絞る。
③淡口醤油で①、②を加え、ほぐした菊花をサッと混ぜる。

いくちたけ

丹波に連なる山には松林が多く、丹波松茸は香りのよいことで全国にその名を知られておりますが、中でも京北町《けいほくちょう》の山国産のものが最良かと信じて、お客さまにお出ししている美山荘の調理場に、シーズンには毎日松茸を届けてくれる山の主《あるじ》が、松茸狩りに招いて下さいます。山の斜面を昇ったり降りたり、あるいは横に渡っては、松茸を捜して歩くのですが、そんな時は決まって何人かが一緒とあって、あちこちで「あった!」の「見つけた!」のと、他人様の声があがると、なかなか落着いてはおられぬもので、イライラしてしまいます。落着いて捜さないと、松茸なんぞ見つけ出せるものではありません。ままよこれまで、と松茸を諦めて雑茸に気を移しますと、ずいぶんいろいろなキノコが目に留まります。

傘の表が著しくぬめっていて、色は茶褐色で肉厚、裏側にはヒダがなく管孔となって黄色、といった姿の猪口茸《いくちたけ》は、そんな中で目立ちます。正式には滑《ぬめり》猪口茸というこのキノコは、塩漬けにして保存しておいても、一年中美味しく食べられます。塩を戻してみると、傘がめくれ上がって、「ほんに、これは猪《いのしし》の口やがな」といった態《てい》があって、名づけの工夫に感心させられます。

私が初めてこのキノコを食べましたのは、福島の温泉宿でのことでした。黒っぽくてヌルヌルしたものが椀種になった吸物を出されて、下手に箸を使うと逃げられて摑《つか》めません。〝芽《め》生会《ばえかい》〟という、料理屋の若手でつくる親睦団体の全国大会に参加した時のことです。「これ、何《なん》やろ？」と、珍しい山菜やキノコを賞味させて貰ったことでした。宿の女将に、その名を教えられて、猪口茸と知りましたが、松茸山の中で見つけるまでは、相当の時を要したように覚えています。「ほんまに猪口茸やろか？」と、不安な状態で試食を繰り返して、やっと料理材料に加えたものです。

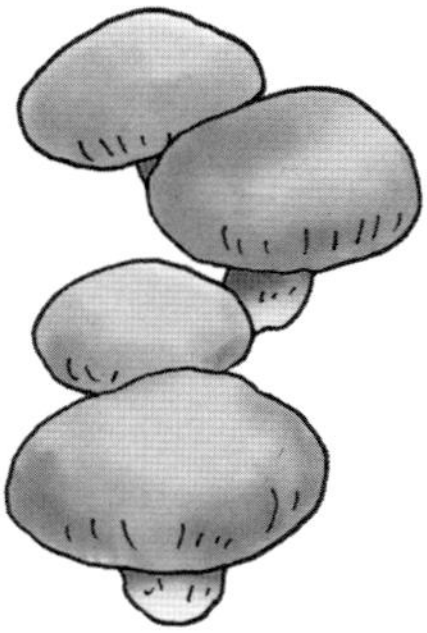

イグチ科のキノコ。　正称＝ヌメリイグチ　別名＝アブライクチ、イグチ、カワムキ、ジコボウ、ボタイクチ

《特徴》　夏から秋に、松林や松の混生林に生える。傘の径5～14センチ、表面は暗赤褐色で粘性があり、開くにつれて色は淡くなる。裏面は黄色。肉は厚くやわらかで、白色か帯黄色。高さ4～7センチ、傘が開くとつばが出来る。

《採取法》　夏から秋に、茎の根元から採る。

準備　石づきを取り、水洗いして布巾で水気を取る。

◆若狭ぐじ揚出し　猪口茸添え

①猪口茸は酒少々、淡口醤油で煮る。ぐじは切り身にし、油で揚げる。
②だいこんおろし、針ねぎを作り、それぞれ水洗いし、布巾で絞る。
③追がつおした出し汁、淡口・濃口醤油、みりん少々で喰出し汁を作る。
④①、②を盛り付け、③を張る。

◆猪口茸味噌汁

①猪口茸は酒で煮る。かんぴょうは塩もみし、水で戻し、結んで、出し汁で煮る。
②出し汁に白味噌を溶き入れる。
③椀に①を盛り、②を張り、とき辛子を落とす。

◆向付

①猪口茸は酒、淡口醤油で煮る。鶏肉はサッと湯がき、適当に切る。人参は庖丁してサッと湯がく。
②豆腐は水切りして裏漉しにかけ、白味噌を加え、砂糖、塩、みりんで味付けし、人参を和える。
③猪口茸と鶏肉を混ぜて盛り、②をかける。

くろかわたけ

友人の持ち山へ松茸狩りに招かれて行きましたが、松茸なんぞ、金出しゃ買える、とばかり横着なことを考えたか、考えなかったか、とにかく、松林はキノコの宝庫とあって、雑茸と呼ばれるキノコに心が傾いている私には、松茸もキノコの内、むしろ雑茸こそ大切と、キノコを見れば、松茸山に来ていることなど忘れてしまい、塵土籠《じんどかご》は雑茸ばかりといった按配《あんばい》で、下山して籠《かご》が並べられた時、仲間をあきれさせたことがあります。

特に籠の中には数本の黒皮茸《くろかわたけ》も混じっていて、「こんな苦い物《もん》、どないして喰いますのや」よほど変わった趣味人と受け留められたのかもしれません。「まあ、まかしときなはれ、後で食べさしたげるさかいに」と、その場を納め、松茸山の馳走の定石、すき焼と焼松茸に、この〝黒皮茸の菊菜和《あ》え〟を加えることにしました。

菊菜を湯がいておき、塵《ごみ》を取っただけの黒皮茸にふり塩をして炭火で焼き、大きめのボールに柚子を絞り、醤油を注いで、黒皮茸を火から外して、フウフウと指先を吹き、時どき耳たぶに手をやりながら、熱さを誤魔化しては、これを割き、「これが本当の割烹や」とばかりに、菊菜とともにボールにほうり込み、香りと塩気をからませて、即、食べる。この手荒な料理がウケました。黒皮茸は面目一新、苦さは特有の旨味と変わり、なかなか好評でした。

塩漬けにして保存しますが、この時、古釘を入れると、真黒に漬かります。塩漬けの黒皮茸は、湯がいて水に晒し、充分塩出しして使います。向付《むこうづけ》のツマなどにちょっと添えますと、冬籠《ふゆごも》りの風情があって、心を打ちましょう。

正式な和名では〝黒皮〟とあって〝茸〟はつけられていませんが、他のほとんどのキノコには茸がつけられています。黒皮にもやはり茸をつけて呼んだほうが、何となく納得が行くと信じて、私は黒皮茸と呼んでいます。

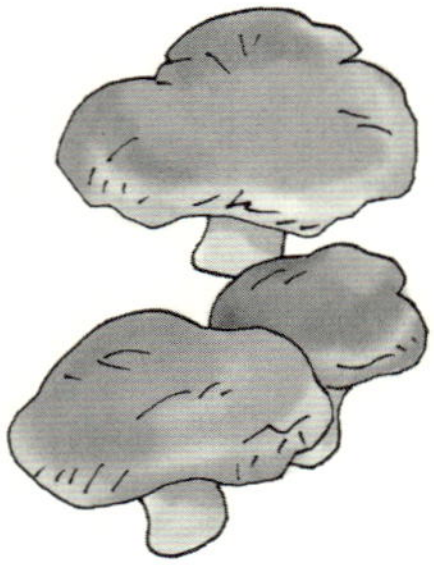

イボタケ科のキノコ。　正称＝クロカワ　別名＝ロウジ、クロクチ、クロンボ、オカメタケ、ウシカワ

《特徴》秋に針葉樹林内に群生。傘の径5～20センチ、縁は下に巻き、形は突円形から皿状のものが多い。傘の表面は初め灰白色、次第に鼠色から黒くなる。裏面は管孔を密生。肉は白く、傷つけると赤紫色に変わる。苦味がある。

《採取法》秋、茎の根元から1本ずつ採る。

準備　石づきを取り、水洗いして布巾で水気を取る。

◆黒皮茸胡麻和え

①黒皮茸の傘の真中に庖丁して焼き上げ、濃口醤油で下味をつける。
②鶏肉はふり塩して焼き、皮を剥がし、頃合の大きさにむしる。
③菊菜はサッと湯がき、冷水に取り、切り揃えて絞り、淡口醤油、出し汁で下味をつける。
④黒胡麻を煎って摺り、淡口醤油で味付けし、①〜③を混ぜ合わせる。

◆黒皮茸揚げ物

①黒皮茸は庖丁して衣をつけ、サラダ油で揚げる。
②くわいは亀甲形薄切りを揚げる。
③菊の葉は裏側に衣をつけ、揚げる。
④出し汁4、淡口・濃口醤油半々1、みりん少々で天つゆを作る。

◆黒皮茸山椒焼

①黒皮茸の傘に庖丁を入れ、炭火でひだ側から焼き、8分がた焼けたら濃口醤油1、みりん少々、出し汁4に粉山椒を入れたたれで3回つけ焼きし、切って盛り、煎った実山椒を散らし、たれをかける。

こうたけ

京都の三条に、乾物商の老舗《しにせ》で魯山人もしきりに褒めた〝松島屋〟があって、主人の戸井田平一さんとは、永らく井口海仙《かいせん》宗匠の元で茶の稽古をともにした朋友です。その間柄が幸いして、乾物の知識は平ちゃんこと松島屋さんに頼っての日々、「何《なん》ぞあったら知らしておくれやっしゃ」と頼んでおきましたら、「あんたとこ、こんな物《もん》使わはらしまへんか」と見せて貰ったのが香茸《こうたけ》との出合いでした。

黒くラッパが萎《しな》びて毛が生えたような、およそ美味しさなんぞには縁のなさそうな姿のものでしたが、手に取って鼻に近づけますと、何とも言えない芳香があって、値段を伺うと、これまたなかなかのもの。「貴重なものには間違いなさそうや」くらいに思って湯で戻し、使ってみましたら、歯ざわりよく、天日の香りと香茸独自の香りがよく馴染《なじ》み、品のよい旨味となって喉に優しく、まさに天与の美味。

湯がいたり、水に取ったりと、ずいぶん水に浸しますので、その辺りの加減と調味料の補助の加減が相俟《あいま》って、思い入れも加わっての合致が見られなければ、素材のよさが引き出せないのが料理というものでしょうが、特に乾物や塩漬けの保存物には注意が必要です。

香茸に限らず、キノコの類は捜し甲斐のないもので、求めて歩いてもおいそれとは出合えません。むしろ何気ない時に、ニョイッと見かけたりするものです。生の香茸は、乾燥したものに比べ、香りこそ少ないようですが、煮ても焼いても美味しく、淡《うす》いタレをつけて焼いたものなど、たまらなく美味しいものの一つと思っています。松茸や雑茸のように、日常に参加していないためか、まだ枯葉の匂いが抜け切らぬ内の香茸は、自然の風味をそのままに胃袋に納められるような迫力すら持ち合わせています。なるべく荒っぽくいただいたほうが、旨さがあるように感じます。

イボタケ科のキノコ。　別名＝カワタケ、シシタケ、イノハ、クリキノコ、クロキノコ、シャクビ、ススタケ
《特徴》山野の落葉が堆積する所に生える。高さ約10センチ。全体は褐色で革質、漏斗状。傘の径10～20センチ、表面は鱗片があっていぼいぼ状、裏面には長さ約1ミリのトゲを密生。乾燥すると特有の香りがより強くなる。
《採取法》秋、茎の根元から採る。

準備　乾物の香茸は水で戻し、石づきを取り、サッと水洗いして水気を切る。

◆香茸 だいこん 油揚げ炊合せ

①香茸は昆布を敷き、追がつおした出し汁に濃口・淡口醤油半々、みりん少々で味付けして煮る。
②だいこんは適当に切り、出し汁に追がつおし、塩、淡口醤油、みりんで調味して煮る。
③油揚げは熱湯に通して油抜きし、出し汁に追がつおし、酒、淡口醤油、砂糖で調味して煮る。
④器に①～③を盛り、②の汁を張り、針柚子を天盛りにする。

◆香茸 松葉がに酢の物

①香茸は昆布を敷き、出し汁、淡口醤油で煮て、下味をつける。
②松葉がには身を取り出しておく。
③三杯酢で①、②を和え、擂った柚子を上にふる。

◆香茸 とゆゆばから煮

①香茸は頃合の大きさに切る。
②とゆゆばはサラダ油で揚げ、熱湯で油抜きする。
③酒、濃口醤油、みりんの煮汁で①と②を煮つける。火は弱火。

こむそうたけ

長野へ旅行して出合ったキノコの中で、小さくて形の変わっているのと、その名前に心惹《ひ》かれ、京の北山にもあるはずと辞典や図鑑を開きましたが、虚無僧茸《こむそうたけ》というのは載っておらず、ずいぶん捜した揚句、ひょっとしてこれかもしれぬと、ショウゲンジの方言名を辿《たど》ってゆく中で、虚無僧茸を見つけたものです。幼菌の傘が釣鐘形で、虚無僧の天蓋《てんがい》を連想したものと言われていますが、そう言われるまでもなく、傘のまだ開いていないものを初めて見た人は、虚無僧の姿を想うでしょうし、虚無僧茸はこんな姿のものだと信じると思います。私が図鑑で見たショウゲンジは、傘が開いて一本湿地《いっぽんしめじ》によく似た姿をしていたので、判りにくかったようです。このキノコは、松林の中で松茸にやや遅れて出てきますので松茸の採集の終わったあとの山歩きで期待をかけるキノコの一つとなっています。

最初の内は、ショウゲンジと一本湿地の区別さえつかなかったものですから、匂いと姿を頼りに、食べられそうなキノコをたくさん採ってきては、一つ一つ図鑑で調べ、確認して、選り分けたものでした。キノコをよく知った古老と山を歩き、教えて貰うのが、キノコを覚える早道かと思いますが、キノコの研究家でもない限り、山里と言えども、キノコ好き爺さんと呼べるような人はめったにおりません。日常食べられているキノコの種類も、おのずと親から子へ、子から孫へと伝えられた、我が家の好物だけが目に留り、数かずは不要というわけでしょうか。

伊那《いな》には性賢寺《しょうげんじ》の僧が初めてこのキノコを食べた、という伝説が残っているそうです。私が虚無僧茸をショウゲンジと知って尋ねてみましても、この辺りの人でそれを知る人はいませんでした。時代とともに山の知識が消え、忘れられてゆく現実を知り、生活とは何《なん》だろうかと考えさせられたものでした。

フウセンタケ科のキノコ。　正称＝ショウゲンジ　別名＝ショウウンジ、ショウケンジ、コムソウ
《特徴》　秋に松林や雑木林に点々と生える。傘は淡黄褐色で、初め突円形、後に径5～15センチほどに平らに開き、放射状のごく浅いしわがある。茎は高さ6～15センチ、淡黄白色、膜質のつばがある。
《採取法》　秋、茎の根元から採る。

準備　石づきを取り、水洗いしてザルに上げ、水気を切る。

◆虚無僧茸 ほうれん草玉子とじ

①虚無僧茸は酒少々にさし昆布して煮る。
②ほうれん草は塩湯がきして絞り、二番出しに追がつおし、塩、淡口醤油、みりんで調味して煮る。
③②に①を入れ、溶き卵を流し入れてとじ、器に盛り、粉山椒をふる。

◆虚無僧茸 松葉がに柚子釜

①虚無僧茸は酒少々にさし昆布して煮る。
②松葉がには殻から身を取り出す。
③かにの殻を酒、二番出しで煮出して漉した汁で味噌を溶き、湯煎にして練り、柚子を摺り入れる。
④柚子釜に③、②、①の順で入れて焼く。

◆虚無僧茸胡麻和え

①虚無僧茸は酒少々で煮て、さらに濃いめの吸地で煮、下味をつける。
②芽いもは湯がき、ふり塩して甘酢に漬け、縦に4つに割る。
③①と②を混ぜ合わせ、三杯酢で味付けして盛り、摺り胡麻をかける。

かやのみ

「鰯《いわし》の頭も信心から」なんぞとつぶやきながら、節分の日には、雪をかき分けて、榧《かや》の枝を取りに行くのが習わしになっています。子供の頃、初めて榧の枝を捜しに行き、戻って父に差し出しましたら、これは榧ではないと使って貰えず、またぞろ雪の中へ戻った憶《おぼ》えがあります。私の取ってきたものは、アラランギ(櫟《いちい》)であったのか、樅《もみ》か栂《つが》かであったのでしょう。「節分雪中《ゆきなか》」と言われるほど、冬中でいちばん雪の多い日のこととあって、榧の枝を捜すのは大変な苦労でした。榧の枝に鰯の頭を刺して、戸口に挿頭《かざし》ておくと、鬼が来ても、「これで目を突かれて退散する」そうな。囲炉裏《いろり》に炮烙《ほうらく》をかけて、豆を煎ります。榧の枝を手に手に持って、替る替る炮烙の豆を混ぜながら、「蚋《ぶゆ》の口《くち》バーチバチ、蚋の口バーチバチ」と唱えます。外敵への口封じでしょうか。日頃自分が嫌なものを名指しては、榧の葉が焼けて爆《は》ぜる音を聞くのも快いものでした。この豆を枡に入れて神棚に供えてから〝豆まき〟となり、父親を真似ては大声で「鬼は外、福は内」とやったものです。

十五年ほど前に、私の山にあった榧の大木が折れたのを機に伐り出して、碁盤にしようと乾かしておきましたが、日割れがきて碁盤にならず、指物師《さしもの》の岩木秀斎《しゅうさい》師にお願いして、遠山の莨盆《たばこ》を作っていただいたことがあります。「なかなか固うおしたわ」と仰有《おっしゃ》っておられましたが、それだけに重みがあって、美しい莨盆が出来ました。

秋も深まって、パラパラと枯葉が舞う頃になって、榧の木の下を覗《のぞ》きますと、榧の実が落ちています。子供の頃、落ちた実を捜すのが面倒だからと、青い実のままを採って土に埋め、果皮を腐らせるという、クルミと同じ手順で、たくさんの実を手にしたものですが、こんな悠長な時を得るなど贅沢を許されない今日にあっては、夢のまた夢の世界の話、ほとんど記憶の中に留まったままのことです。

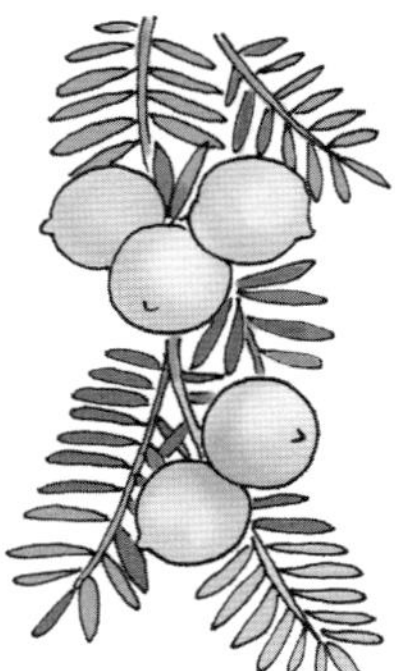

カヤ（イチイ科）の種子の胚乳。　別名＝ホンガヤ、シブナシガヤ、ヘッダマ、タチガヤ　古名＝カヘ
《特徴》本州以南の山地に自生し、植栽もする常緑高木。高さ20メートル以上。雌雄異株。5月頃、黄色の花を開く。翌秋、広楕円形の果実が熟し、割れて種子を落とす。種子は長さ2〜3センチ、幅1〜2センチの楕円形。
《採取法》秋、種子を採集する。

準備　殻を割って中味を取り出し、水に漬けて戻し、渋皮を取る。

◆かやの実善哉

①白玉粉は水でよく練り、沸騰した湯の中にまるめて入れ、浮いてきたら冷水に取る。
②小豆を煮て、砂糖を加え、善哉を作る。
③②にかやの実と①の白玉団子を入れて椀に盛る。

◆箸洗い

①かやの実は輪切りにする。
②白湯に昆布をくぐらせ、吸地を作り、①を入れる。
③椀に少量の梅肉を入れ、②の吸地をかやの実2〜3片とともに注ぎ入れる。

◆かやの実砂糖ごろも

①フライパンに砂糖と少量の水を入れて火にかけ、糖蜜を作る。
②①にかやの実を入れて転がし、糖蜜をしっかりからめつけて冷まし、乾かす。

いわたけ

木曾義仲が巴《ともえ》御前と鞍を並べて京に入らんとする、あれはいつ頃のことでありましたか、確かNHKの大河ドラマの一シーンの中でした。義仲が、この先はいよいよ京の都という地点で、入洛の決意を新たにする様子を見て、巴御前が危ういことは止めようと引き止めるのを制して、「運と岩茸《いわたけ》は危険を恐れて手に入れられるものではない」と、御前にもその決意を促《うなが》すという、記憶に残る場面がありました。「ほんまや、ほんまや」と、テレビに向かって私が相づちを打ちましたのも、岩茸のこと。

岩茸は茸という字がついていますが、茸《きのこ》にあらず、地衣《ちい》類の一種です。相当な高さの岩山の断崖に自生しており、これを採るには大変な危険を冒《おか》さねばなりません。恐《こわ》がりの私には、とても手に叶う代物《しろもの》ではありませんので、もっぱら岩場の下での見張り番を引受けてきましたが、実際には見張り番の役も出来ないのが本音でしょう。足場の悪い岩場のこととあっては、そこに立っているだけで足がすくみ、木の幹か枝にしがみついて、なるべく下を見ないようにしています。断崖の上の樹にロープを結び、絶壁に垂らせては、これを伝って降りてゆく姿など、まるで忍者の世界であって、足場を外そうものなら、たちまち身体が宙を舞います。「気《き》いつけなはれや」「危《あぶ》のおっせぇ」危ないのは最初から判っとるのに、ええかげんな気休めなんぞの言葉を口にしながら、自分は下のほうで震えている。こんな按配《あんばい》の岩茸採りも、近頃ではビニールの袋に納まって、乾物屋さんの店頭に並んでいて、ハイヒールを履いた御婦人でも、簡単に入手出来る時代となりましたが、一袋の岩茸にも、こんなドラマが秘められていることを知って貰いたいものです。「何でこんなに高価《たかいん》や」なんぞ仰有《おっしゃ》らずに、古い時代からの貴重な珍味は、滋味として時折は召し上がっていただきたいものと願っています。

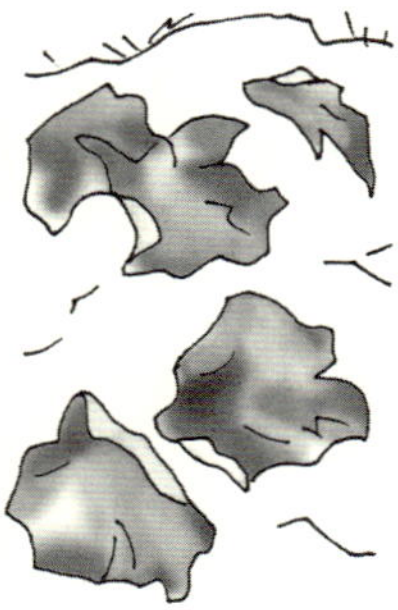

イワタケ科の地衣類の一種。
《特徴》山地の岩上や岩壁に生える。わが国固有の葉状地衣類の一種。扁平な葉状円形、径3～10センチ、時にそれ以上にもなる。薄質で、表面は灰褐色。裏面は黒灰色で刺状毛が密生、中央部の突起で岩面に密着する。湿るとやや弾性があるが、乾くと革質でもろい。
《採取法》初夏から秋に、着生部分から、へらのようなもので剥がし取る。

準備　水で戻し、よくもみ洗いし、石づきを取り、熱湯で湯がき、水気を切る。

◆岩茸冷し物

①岩茸は吸地で煮る。
②卵を割りほぐし、布巾で漉す。
③一番出しで吸地を作り、塩、淡口醤油、みりんで味付けして、冷やす。
④②の卵汁1、③の出し汁1・5の割でよく混ぜ、流し缶に入れ、①をほぐして入れ、蒸し上げて冷やす。
⑤別の吸地を作り、冷やす。
⑥⑤を頃合に切って器に盛り、⑤を注ぎ、摺った柚子をふりかける。

◆岩茸から煮

①岩茸は酒、濃口醤油、みりんで煮る。汁気がなくなるまでゆっくりと煮る。

◆岩茸 焼うに きゅうり酢の物

①岩茸は吸地で煮る。生うには焼く。きゅうりは4センチくらいの長さの細い拍子木に切り、たて塩に漬け、水洗いして絞る。
②①を三杯酢で和え、盛り付ける。

しめじたけ

「香り松茸、味湿地《しめじ》」と詩《うた》われる湿地にも、本湿地の他に数種の仲間があって、それぞれ何々湿地と名前がつけられていますが、湿地科だから一様に食べられて美味とは限らず、松《まっ》湿地や月夜茸《つきよたけ》のような毒キノコも同族で、キシメジ族に所属しては親戚面をしていますので、油断大敵です。

日本人はよほど湿地好きなのか、近頃では平茸《ひらたけ》を人工栽培して、平湿地とか叡山湿地とか呼んでは、異種族までもその名を欲しがっている様子には驚かされます。平茸なんぞは、姿も大きくしっかりしていて、湿地に勝るとも劣らぬ美味しさがある、と信じるあまり、月夜茸に騙《だま》されて苦しんだことがあります。

結婚してまだ日の浅い秋の日のことでした。山歩きで平茸を見つけて採って来ましたが、発見の条件が人目につき易い所とあって、私の目が初めて届いたとは信じがたく、「ひょっとして月夜茸では？」と直感的な疑いも生じて、一晩暗闇の中で観察しましたが、欲の皮が厚くて実態が見破れず、平茸と定めて、美味しくあれと祈りつつ炊き、いざ試食と一切れ口に入れてみましたが、味も香りもちょっとおかしい。二度までは吐き出しましたが、〝三個の序の目〟とばかり、嫌がる喉元に〝通れば温さ忘れる〟と言い聞かせて、ゴクン……。末《あと》は野となれ山となれ。「観て解らん奴は、聞いても解らん、喰うてみな、しようないわ」これがほんまの試食や、と納得した夜中のこと、胸が苦しい、腹が痛む。「やられた、やられた」何にやられたのか、さっぱり判らん顔の新妻、後目に調理場へ飛び込み、生卵二つ胃袋に叩き込み、待つこと数分。ゲボゲボ戻して一件落着。生きる喜びを噛《か》みしめながら胸をなで降ろした日も昨日のようで、やっぱりキノコは怖い、と思い続けています。「本湿地勝るキノコの味はなし」こんな句が実感として胸をよぎり、注意深くキノコに対座しています。

キシメジ科。　正称＝ホンシメジ　別名＝ダイコクシメジ、カブシメジ、ネズミシメジ、シメジ、カンコ
《特徴》秋、山地の松林などの比較的乾燥した所に生える。多数が塊状をなし、茎は下部へ行くにしたがって太くなり、束生。柄は白色、傘は灰色から灰褐色、幼時は球状で、径3～10センチに開く。味がよい。
《採取法》秋、茎の根元から株を採る。

準備　石づきを取り、塩水で洗い、サッと水洗いしてザルに上げておく。

◆煮物椀

①湿地茸は吸地で煮る。地鶏は適当に切り、塩少々をふる。
②焼豆腐は水切りし、1センチの厚さにして巻簀《まきす》に置き、葛粉を打ち、地鶏を芯にして巻き、蒸して切る。
③針ねぎを作り、水洗いし、絞る。針生姜を作り、水にさらし、絞る。
④一番出し、酒を丸仕立とする。
⑤椀に湿地茸と②を盛り、③を混ぜ合わせて添え、④を張る。

◆湿地茸　ほうれん草和物

①湿地茸は濃いめの吸地にさし昆布して煮る。
②ほうれん草は湯がいて絞り、切り揃え、淡口醤油、出し汁で下味をつける。
③①と②を混ぜ合わせ、柚子の絞り汁をたっぷり加え、味付けする。

◆湿地茸　若狭ぐじ酒蒸し

①器に昆布を敷き、ぐじの切り身と塩をふった湿地茸を置き、酒をふりかけて強火で蒸し、火を止める直前に軸みつばをのせる。

ぎんなん

苔むした杉皮葺の寄付から、石段を登って社殿があります。学校の往復《いきかえり》に、必ず頭を下げて通った春日社のお社《やしろ》には、大きな銀杏《いちょう》の樹があって、私たちにたくさんの実を与え続けてくれています。もっとも、今の私には、ぎんなんの実よりも、銀杏の樹に寄り添って生えているモミジの木の紅葉と、銀杏の葉の黄色、そして古く楚々《そそ》として格式ばらず、雅味のある社殿の佇《たたず》まいとの調和のとれた美しさが、秋の季節ならずとも素晴らしい風景で、いつ通っても心を和ませてくれるものがあり、これが本当の神の姿であるのかもしれぬ、と考えさせられるものがあります。

ぎんなんの果皮はジュクジュクして、木から落ちては種子をほうり出して地面に姿を崩していて、この果汁が手や顔につくと、負ける人があるようです。頬や下顎《あご》の辺りを爛《ただ》れたようにしてなお、銀杏の樹の下をうろつく友人がおりました。小学生の時でした。常照皇寺《じょうしょうこうじ》へ一日がかりの遠足に行き、母が肝煎の海苔巻きや茹卵の入った包みを開く楽しいお昼の時間を過したのが、ちょうど銀杏の樹の下とあって、ぎんなんを拾いつつの昼食はとても賑やかなものでした。「臭《くせ》えーっ。これをホッペタに摺りつけたら、痒《か》いなって腐ってくっぞ」その声はぎんなんにいちばん弱い友人のものだったと記憶しています。

料理を独学の私には、ぎんなんの薄皮をむく手法が判らずに苦労したこともあります。湯がいて一つ一つ皮をむいていましたが、時間がかかって仕方がありません。泡立て器を使ってもうまく行きません。試行錯誤の繰り返しの中で、杓子の背で鍋の中のぎんなんをグリグリやるといちばん効果のあることを発見して、考案第一号かと気負っていましたが、ほどなく料理書にその手法が載せられているのを読み、「聞くは一時の恥、聞かねば末代の恥」こんな格言をしみじみと思い出したものでした。

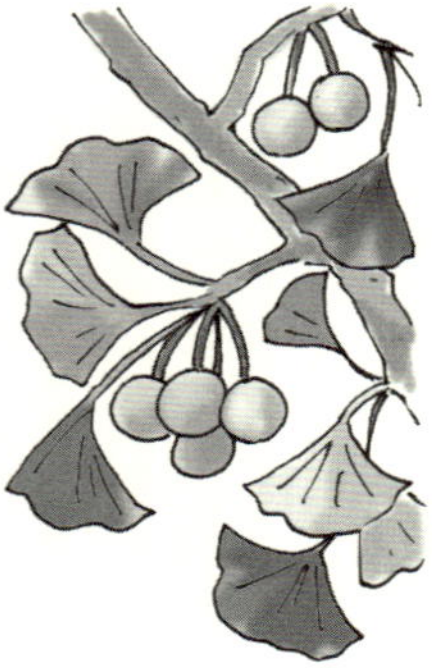

イチョウ（イチョウ科の落葉高木）の種子の核。
《特徴》中国原産で、古くわが国に渡来し、盆栽、街路樹、庭園樹に広く植栽する。雌雄異株《しゆういしゅ》。4月、黄緑色の単性花をつける。秋、黄色の種子が出来、内に2〜3稜線を持つ白色硬質の核があり、これをギンナンと呼ぶ。
《採取法》秋、熟して落ちた種子を採集する。外種皮を除き、核中の仁を使用。

準備　殻から取り出し、塩湯がきして薄皮をむく。

◆ぎんなん 海老 蕪鍋

①海老は頭を取って殻をむき、背わた、尾を取り、縦に庖丁目を入れる。
②蕪の皮をむいて摺りおろし、巻簀《まきす》で軽く水分を取る。
③一番出しに②を入れ、塩、淡口醤油で味付けし、ぎんなんと①を入れる。

◆ぎんなん豆腐味噌汁

①ぎんなんはきざんで摺り鉢でよく摺り、裏漉しにかけ、水溶きした葛に混ぜ、火にかけて練り上げ、塩少々で味付けし、流し缶に入れて冷やし、形よく切る。
②かんぴょうは塩もみし、水に漬けて戻し、結んでおく。
③白味噌9、赤味噌1の割で出し汁に溶き入れ、袱紗味噌汁を作る。
④①と②を温めて椀に盛り、③を張り、とき辛子を落とす。

◆ぎんなん煎餅《せんべい》

①ぎんなんはまな板の上に置き、平らなものでつぶし、油で揚げる。

またたび

マタタビと言えば、「ああ、〝猫にマタタビ〟言うやつですかいなあ」と誰もが仰有《おっしゃ》る。「ほんまでっかいなあ」とも尋《き》かれる。「ほんまですがな、嘘やと思うんなら、あんた所《とこ》の庭にマタタビ植えておみやす。間違いのう隣近所の猫が集まって来て、しまいに根まで掘り起しまっせ」と答えています。

猫がマタタビ好きというのは根拠のないことではなく、含まれているマタタビ酸が猫に麻薬的刺激を与えて狂態の限りを尽させるのではないかしらん。否《いな》、否、猫だけにあらず人間だってマタタビに酔うこと必定と、私自身信じています。何故ならば、秋の終りの初霜が降りる頃、谷間沿いに歩いていたりすると、何とも言いしれぬ芳香が漂ってきます。

香りに誘われて辿ってみれば、マタタビの木の下、藪の中、といった具合で、そこにはボタボタに熟したマタタビが鈴成りに垂れ下がって、思わず手が出そうになりますが、「ちょっと待て」逸《はや》ってはなりませんぞ！　マタタビは土に還るべく風を待っているのです。少しでも枝を引こうものなら、またたく間に地面に落ちてしまい、潰れる者やら、ころころ転がって葉隠れする者が多くて捕えがたし。そっと近づき、一つ一つ実を捥《も》ぐのがコツ。

一粒口に入れてみますと、香りに違《たが》わず、見事な風味をもって浸み入ること五臓六腑。昔、旅人が山路にさしかかった時、疲れ果てて歩けたくなり、山中に倒れてしまいました。ふと上のほうを見ると、何とも言えない香気の漂う実が成っていましたので、無我の内にその実を採って食べますと、たちまち心気爽やかとなり、疲れは何処《いずこ》へか、元気いっぱいにまた、旅を続けることが出来ました。それ以来この実は、又旅《またたび》という名で呼ばれるようになったという昔話も、むべなるかなと納得させられます。

二、三粒も食べておけば、元気で冬が越せそう。

マタタビ科の蔓性落葉低木。　別名＝ナツウメ、ネコズラ、カタジロ
《特徴》　山地に生える。雌雄雑居性。葉は互生、卵円形、表面の葉先半分ほどが白色に変るが、実の頃には消える。夏、2センチほどの芳香のある白花が咲く。実は楕円形で、先が少し尖り、長さ約3センチ。虫えいは円形で、薬用。
《採取法》　初夏に新芽と若葉、夏に花、秋に実を採る。

準備　よく水洗いしてザルに上げ、水気を取る。

◆またたび酒

①ホワイトリカー1・8ℓ、氷砂糖500g、またたび800gの割で漬け込み、冷暗所に3年以上置く。

◆またたびかす漬

①またたびはふり塩し、1~2日間そのまま置いておく。
②酒かすをやわらかくしてつぶし、黒砂糖を混ぜ、酒でのばして練り混ぜておく。
③平たい容器に②を敷き、ガーゼを当てて①を並べ、ガーゼをかぶせた上から②をのばして覆い、漬け込む。

◆またたびべっこう煮

①またたびは針打ちして水に晒し、湯がいて冷水に取り、再び水に晒し、およその苦味が取れたらザルに上げて、水気を切る。
②砂糖、淡口醤油で①をコトコトと煮詰める。

ふじまめ

遅い遅い山里の春は、五月《さつき》の頃を酣《たけなわ》としていますので、暮春《ぼしゅん》の花の代表格とも思《おぼ》しき藤の花が咲くのもずいぶん遅れます。藤の花には、春の華やかさの終りを象徴するかのような一抹の寂しさもあって、森川許六《きょりく》の「百花譜」(『風俗文選』所収)に「藤は、執心のふかき花なり、いかなるうらみをか下に持ちけむ。いとおぼつかなし」とあるように、ことに雨の日の霧にむせぶ様子は、たまらない風情が万山を渡り、「くたびれて宿かる頃や藤の花」こんな芭蕉の句が心をよぎります。大津絵の題材となっている「藤娘」には清少納言の「藤の花は、しなひ長く、色濃く咲きたる、いとめでたし」(『枕草子』)が、頭に浮かびます。

美しい花を待ちわびて、藤の葉の新芽を覗《のぞ》いていましたら、虫が食事の最中とあって、いかにも旨そうに見えましたので、「今にみておれ僕だって」とばかりに、新芽を摘み、浸し物にして食べてみましたが、虫の知らせほど美味しくなかったので、諦めることにし、全面的に食べる権利を虫に譲りました。花が終って暫《しばら》くすると、隠元豆を大きくしたような実が出来て、まるで動物のナマケモノ状態でぶら垂《さが》っています。まだ青い内でしたが、その豆が食べてみたくなり、莢《さや》を外し豆を取り出して塩炒りしてみましたら、何かしら力が湧いてきそうな乙《おつ》な味があって、なかなか美味しいものでした。

藤の蔓《つる》は粘りが強く、筏《いかだ》を結び、急流を下って材木を運び、稲架《はさ》という稲を干す棚の木を結わえて、毎年の使用に堪えるなど、古来、強靭な紐の役目を果たしてきました。こうして使った後は、巻いて天井に燻《いぶ》しておき、次に使用する時は、水に漬けて、軟らかく扱い易くして使うのです。頼もしい限りの藤の蔓、美しい花を咲かせる種となる「この親にして、この子あり」などと考えましたら、豆にこそ、その力が潜んでいそうな気がしてなりません。

ヤマフジ（マメ科）の種子。　別名＝ノフジ

《特徴》　本州の中部以西の山野に生える。蔓性落葉低木。蔓は左巻き、葉は羽状複葉。4月頃、紫色の蝶形花を房状につける。葉は厚質で、両面に細毛がある。花後、莢果が出来る。中に扁円形の種子が多数ある。

《採取法》　夏から秋に、莢《さや》を採り、中の種子を使用する。

準備　莢から豆（種子）をはずして取り出し、水洗いして水気を取る。

◆ふじまめ飯蒸し

①ふじまめは塩煎りする。
②もち米は一晩水に漬けておき、蒸し上げてから酒、塩、みりんで調味する。
③①と②を混ぜ合わせ、蒸籠《せいろ》に入れて蒸す。
④松葉に大徳寺納豆を2粒刺し、添える。

◆向付

①ふじまめは塩湯がきし、薄皮をむく。
②牛肉は直火で焼いてたたきにし、薄くスライスする。かいわれ菜は水洗いし、根を切り落とす。
③酢、サラダ油、塩、胡椒でドレッシングを作る。
④①、②を形よく盛り、③をかける。

◆ふじまめ甘煮

①ふじまめは湯がいて薄皮をむき、水から火にかけ、砂糖を加えて煮、やわらかくなったら濃口醤油を少量加えて仕上げる。

がまずみ

およそ、感性の骨格なんぞは子どもの頃に出来てしまうものであるらしく、大人になってから見つけたり、求めたり、と出合いのあったものは、よほどのものでない限り印象が薄く、物語りになることが少なくて困ります。何故、子供の頃の印象ばかりが強いのでしょうか。

蟻の行列に見入って後を追い、地中の巣を見定めようと掘り起しては崩してしまい、蟻の大騒動を見て愉しんだ記憶。夏の日に魚釣りに出かけたが、釣れずに戻った腹いせに、庭を走り廻る蜥蜴《とかげ》を釣って、竿を振り廻せば、糸の先の蜥蜴が宙を泳ぐ。痛さ痒《かゆ》さも我関せず。最も気の毒だったのは蛙かな。お尻にタンポポの茎を突込まれて息を吹き込まれ、空気でポンポンに膨れ上がっては、水に放たれても、水中に逃げられない。揚句の果てには、皮を剝がれて丸裸、筋骨隆々の肉体美をさらけ出して逃れようとするところを充分眺めてから、今度は解剖に処するとばかりに、村の赤髭先生に貰った古手のメスで解《ほど》き、肉塊に目じるしをつけて蜂に持たせ、今度は蜂を追い、巣を探す。その気になれば朝から晩まで感動の連続、その代りこちらも蜂や虫に刺され、木であればトゲにやられる。猿ならずとも木から落ちることもあります。何が何でも楽しくて面白くて仕方のない子供の日の晩秋に、ガマズミの実は衣服を染め、口元を染めての遊び相手でもありました。

大人たちが言うシブネ、これがガマズミと判ったのは、料理材料として取り入れるべく学名を調べた結果のこと。酸味の強いこの実の味は、舌に心に留まって忘れがたくても、そう多くもない樹木とあっては、貴重な実に違いなく、少ない量を一人でも多くのお人に味わっていただきたい、しかも最良の味を引出せるものをと、果実酒にしてみました。これがまた格別の大当りで、実に旨いと自画自賛しています。因《ちな》みに昔、この実で衣類を染めたとか。

スイカズラ科の落葉低木。　別名＝ヨソゾメ、ヨウゾメ、ヨツズミ
《特徴》平地、山地に生える。高さ約2メートル。若い枝は有毛。葉は対生、広倒卵形。初夏、5弁の白い小花を散房状に開く。初秋に広卵形で径約5ミリの暗赤色の果実を結び、熟すと透明感のある鮮赤色になり、甘味が増す。
《採取法》果実酒用には9月から、生食用は11月以降に、房のまま採る。

準備　1粒ずつバラバラにして水洗いし、水気を取り、種を出しておく。

◆向付

①塩鯖《しおさば》は3枚におろし、酢で締めて生ずしとする。
②一切れの切り身に1つ庖丁目を入れ、その間にがまずみの実を挟みいれる。
③おからを湯煎にしてよく炒り、ふるいにかける。
④②を③でまぶしつけながら盛り付け、加減酢を注ぎ、摺った生姜をのせる。

◆がまずみ 蕪一夜漬

①蕪は皮をむき、薄切りにする。
②①に薄塩をしてがまずみの実を混ぜ、押し器に移し、一晩押しておく。

◆がまずみ あなご れんこん酢の物

①あなごはたれをつけて焼き、適当に切る。
②れんこんは皮をむき、丸のまま米のとぎ汁で1時間湯がき、薄く切る。
③①と②を三杯酢で和え、器に盛り付け、がまずみの実を散らす。

じねんじょ

夏至からかぞえて十一日目の日を半夏生《はんげしょう》と申しまして、七月二日辺りがその日となり、北山のこの在所《あたり》では、いろいろな行事があって想い出深い一日です。

半夏生とは、烏柄杓《からすびしゃく》(漢名半夏、サトイモ科)の生ずる時期という意味だそうですが、在所の人は半夏生と言わずに、〝ハゲッショ〟と言うております。〝ハゲッショ〟は田植えの終りを告げる日でもあって、藪入りの日でもありました。これも〝ヤブリ〟とイの音を消して言うたほうが、実感が溢《わ》いてくるのが在《ざい》に生まれた者の人情というものか、「今日はヤブリや」と若嫁さんの里帰り、その日のいちばんの馳走が自然薯《やまいも》とあっては、前日の薯掘りが主《あるじ》の役目。これがまた大変な作業で、まず薯蔓を捜し当てるのに時を要し、掘るのに気遣いをして上手に掘り起さねばなりません。途中で折れたりしようものなら、性格を見られて辱《はじ》を知る、気分を落着かせて、無事に掘り進めて、姿の全容を家族に披露してこそ、主たる者の尊厳。まさに狩人《おとこ》の原則ですなあ。

　母が薯を洗って擂り鉢とともに、「ハイッ」と私の前に置いて下さる。それは恒例のこと。長男の私が客人を迎える準備、馳走作りを手伝わねばならんことは判っていても、薯擂りに要る根気には馴染《なじ》めませんでした。大きな擂り鉢を板の間にデンと据えて、妹が押さえ、私が擂り鉢の目で薯を擂ってゆくのですが、ツルツル手が滑って、ややもすると手を擂ることもあって、擂り鉢を見ただけで手が傷みますのは「三ツ子の魂百まで」か。母の作ったお出しの香りも軀《からだ》の中を駈け巡る想い出の一つです。

　ハゲッショの晩には〝虫おくり〟がありました。杉皮を束ねた松明《たいまつ》を持って在所の総勢が集まり、一斉に火をつけて、在所の口まで虫を送ります。鉦《かね》と太鼓の拍子に合わせて「エー我等《わんら》は何《なーに》を送《おーく》るぞ」「根虫《ねーむし》、葉虫《はーむし》、刺《さー》し虫《むし》」。

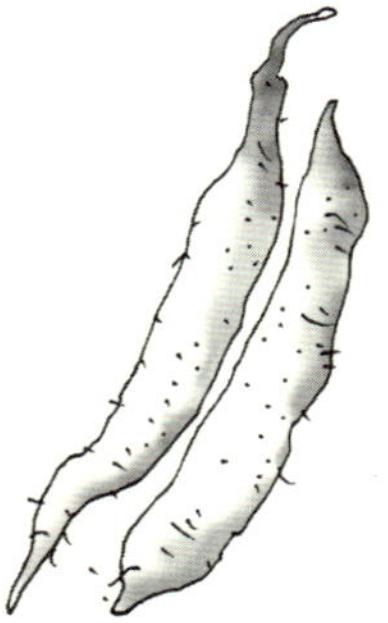

ヤマノイモ科の多年生蔓草。　正称＝ヤマノイモ　別名＝ジネンジョウ、ヤマイモ
《特徴》各地の山野に生え、栽培もする。地中に多肉根がある。葉は対生で長心臓形。雌雄異株《しゆういしゆ》。葉腋に生じるムカゴでも殖える。栽培種にナガイモ、ツクネイモ、ヤマトイモがある。
《採取法》春から夏に若葉を摘み、秋にムカゴを採り、秋から冬に塊根を掘り取る。

準備　土をふり落とし、直火で毛（ひげ根）だけを焼き、タワシで軽くこすりながら、泥を洗い落とす。

◆とろろ汁

①二番出しに追がつおし、味噌を溶き入れて味噌汁を作り、上澄みを容器に取り、冷やす。
②じねんじょを摺りおろし、摺り鉢に入れ、①を少しずつ加えながら摺り、のばす。
③器に②を張り、青海苔をかける。

◆煮物椀

①じねんじょを摺りおろし、吸地を熱した中に一口大にして落とし、浮き上がれば取り出す。
②椎茸は焼き、吸地で煮る。
③つる菜は塩湯がきする。
④椀に①を温めて盛り、②と③を添え、吸地を張り、へぎ柚子をのせる。

◆じねんじょ酢の物

①じねんじょを摺りおろし、濃口醤油少々を落とし、よく混ぜ、一口大に箸で取り、器に盛り付ける。
②薄めの三杯酢を作り、①に注ぎ、軽く煎った針海苔を上にかける。

ふゆいちご

冬の北山を画になさる先生方のほとんどが、暗くおどろしい空を描かれています。確かに京の街から雪の日の北山を望めば、あらゆるものを拒《こば》むが如《ごと》く空があって、その下は閉された世界と承知されるかもしれません。睨《にら》みつけられた父親の目の底に温かくあかあかと燃える炎を見出せるのも、父が逝ってからの話。生きている間に気づいてこその親孝行かと悔んでみても始まりません。冬山には冬山の姿があって、雪の下は温かい。そんなことは先刻ご承知の冬苺《ふゆいちご》、うっすらと雪をかむって、なお引立てられる冬苺の色こそ親の心の色かもしれません。カケスが一羽懸命にその実を啄《ついば》んでいる姿など、たまらなくよい情景です。

厳しい自然の習わしがあって華やかに美しい自然の面《おもて》を造るのでしょう。冬籠《ふゆごも》りには雪が必要です。囲炉裏《いろり》をとり巻く団欒《だんらん》の中で人の心は育まれ養われてゆくのです。食べ物の蓄《たくわ》えがなければなりません。秋に収穫、冬に蔵を使う、四季の生活規準が生み出されて、人の世に秩序が生まれてきたのでしょう。他の動物にはそれがありません。自然の掟に従ってただ生きる。それだけに冬の自然はことさら厳しく、自然の動きに番狂わせが生じれば、生命の知覚までが狂い、異変を予測出来ずに、野垂れ死させられます。つい近年のこと、八十歳の古老も知らない豪雪の冬がありました。永い永い冬は五月の初めまで雪を残し、地上にある一切の物を凍《い》てつかせ、動物の食糧に蓋《ふた》をしてしまいました。初夏、雪解けの跡には、獣や鳥の死骸がごろごろと転がり、獣道《けものみち》の要所には鹿だけで五十頭に及んだ現実に、自然の恐ろしさを垣間見た思いで背筋が寒くなりました。そんな時、せめて冬苺だけでも面に出して、彼らの糧にしておいてほしかった。及ぶ限り人の手を貸し与えるのも肝要かと、赤い冬苺に想いを馳せつつ。

「冬苺雪明り遠く遠くあり　楸邨《しゅうそん》」

バラ科の蔓性常緑小低木。　別名＝カンイチゴ

《特徴》　本州の関東地方南部以西と四国、九州の山林に生える。高さ約30センチ。各節から発根して殖える。葉は浅く5裂し、円状五角形で、裏面は軟毛が密生、長柄がある。夏、葉腋から花茎を出し、5～10個の白花をつける。果実は冬から春に赤熟する。実は小粒。

《採取法》　冬から春に、熟した実を摘む。

準備　きれいに水洗いし、へた（蕚《がく》）を取っておく。

◆**向付**

①岩魚《いわな》は3枚におろし、皮を引き、身を薄切りにする。

②薄切りの玉ねぎは水に晒し、絞る。

③①を並べ、②を盛り、甘酢をかけ、冬いちごとせりの葉を散らす。

◆**冬いちご ちしゃとう酢の物**

①蕪はサイコロ状に角切りとし、たて塩に漬け、水洗いする。

②ちしゃとうは拍子木に切り、サッと塩湯がきする。水前寺海苔は水で戻し、大きさを揃えて細長く切る。

③柚子はあられ状に角切りとする。

④①、②を混ぜ、三杯酢で和えて器に盛り、③と冬いちごを散らす。

◆**蒸しりんご 冬いちご風味**

①りんごはくし形に切り、皮をむき、ブランデーを少々ふりかけて、蒸し煮する。

②冬いちごは裏漉しにかけ、火にかけて砂糖、ブランデーを加える。

③器に①を盛り付け、②をかけ、青レモンを飾る。

ゆきのした

「歳月やはびこるものに鴨足草《ゆきのした》」こんな句を何かの本で読み、我が意を得たりと感心しています。我が庭の囲《まわ》りには古い石垣が連なり、千年の歴史を誇る名刹・峰定寺《ぶじょうじ》の一坊の跡を伝えていますが、坊の建物が一度絶えて杉林と化していた所に我が家が建てられ、石垣の上に躑躅《つつじ》が植えられたのでしょう。歳月はこの藪を太く強いものに育て上げました。言わば大樹の蔭とも思《おぼ》しきこの躑躅の蔭に〝雪の下〟が生えてきて仕方ありません。「ここは躑躅の藪や、そうはびこって貰っては困る」と引き抜いても、またぞろ生えてきます。「お前さんにはあまりよい印象がないからなあ」生えてくれるな、と祈るように願うのは、子供の頃、百日咳やカン虫やと、その苦い煎《せん》じ汁を飲まされ、できもんが出来たといっては絞り汁を塗られて育った私には、気色悪いばかりで、食べても旨味を取り消すくらいの反効力は今も持っていて、なかなか喉をすんなり通してくれませんが、主観だけで嫌ってもいけないと心に言い聞かせては、天婦羅の材料くらいには使っています。

利休の愛誦歌に「花をのみ待つらん人に山里の雪間の草の春を見せばや」とありますが、雪の下でも堪えている鴨足草はまさしく雪の下。春一番のお客様を迎えた時など、青味を求めてもなくて困ることがあります。こんな時に助けてくれるのも雪の下。ただ、夏の盛りになると、紅紫色の腺毛のある茎を出します。ちょうど鳥足升麻《とりあししょうま》の若い茎のような姿をして、鴨の足に観えなくもありません。白い小さな花は可憐で、暑い日の和《なごみ》を与えてくれます。「鴨足草咲けり持仏に井水汲む　舟月《しゅうげつ》」の句もあって、井戸の付近や蹲踞《つくばい》の畔《ほとり》にも似合う草であり、何の文句の言いようもなく、助けられ、育てられた仁《じん》の草こそ雪の下。漢方医療が見直されている今日にあって、祖先の生活に学び、智恵を借りることも、今の私には必要と考えます。

ユキノシタ科の常緑多年草。　別名＝ミミダレグサ、キジンソウ
《特徴》山地の湿り気の多い所に生える。庭園にも栽培される。葉は厚く、円腎臓形で毛があり、裏面は紅紫色。赤色の細長い匐枝《ふくし》を伸ばして繁殖する。初夏、茎の上部に円錐形の花序をつける。花は上の3弁は小さくて紅色の斑点があり、下の2弁は白くて長い。
《採取法》初夏に花茎を摘む。葉は年中摘める。

準備 灰汁《あく》で湯がき、冷水に取り、流水に晒して気出しし、水気を取る。

◆ゆきのした揚げ物

①ゆきのしたの生葉の裏に片栗粉をふるう。
②白身魚の摺り身は出し汁で少しのばし、①に塗りつけて、サラダ油で揚げる。
③ヤングコーンは薄衣をつけて揚げる。
④②と③を形よく器に盛り付ける。

◆ゆきのした味噌汁

①かんぴょうは塩もみしてから水に漬けて戻し、束ねておく。
②出し汁に白味噌と赤味噌を溶き入れ、合せ味噌仕立とする。
③ゆきのしたと①を温め、椀に盛り付け、②を張り、とき辛子を落とす。

◆ゆきのした酢の物

①ゆきのしたは絞り、吸地に浸す。
②あなごは開いて焼き、適当に切る。きゅうりは薄く小口切りにし、塩もみして水洗いし、固く絞る。
③①、②を混ぜ、三杯酢で和えて盛り、ゆきのしたの花を添える。

摘み草の保存法と戻し方

◆摘み草に出かける準備

摘み草とひと口に言っても、道端にちょっとかがんで土筆《つくし》や蒲公英《たんぽぽ》を摘むのと、草むらに分け入って独活《うど》や蕗《ふき》を摘むのでは様子が違います。山に登って木の芽を摘んだり、きのこを捜し歩くには、それ相応の準備が必要です。

服装

藪に入ってもよいように、長ズボンに長袖の上着を着ます。足元はゴム長靴か地下たび、帽子をかぶり、手には軍手をはめます。

持ち物

タオル・水（手や顔を洗う）・ビニール袋・新聞紙・細いロープ（小枝を引っぱる）・救急薬（傷薬、目薬、トゲ抜き、絆創膏、包帯）など、採取するものによって持ち物は変わってきます。ほとんどのものは素手で摘みますが、ナイフ・鎌・ハサミを持っていると便利な場合もあります。

入れ物

通気性のある袋か籠を用意します。手で持ち歩いている内にしおれてきたり、固くなったりします。摘み取ったら早めに袋か籠に入れて保護します。ぬれた新聞紙に包んで袋に入れておくのも一案です。ポリ袋はムレるので、使わないほうがよいでしょう。下処理するまでの時間を考えて、入れ物を選んでください。

◆採取の仕方

芽のものはなるべく間引くように摘み、葉のものはやわらかそうなものだけを摘みます。

折り採るものはポキッと心地よく折れる所から手折れば、やわらかく食べられます。

きのこ類は目につくものは全部採ってもよいでしょう。地中から生え出てくるものは踏みつぶす恐れがあるので、むやみに歩き廻らないこと。

蛇、特に蝮《まむし》にも充分注意を払って下さい。

◆下ごしらえ

野草や山菜を摘んできますと、八百屋に売ってある野菜と違って、枯草が混じっていたり泥がついていたりと、まあ、ずいぶん汚れています。幾つかの種類を摘んだりしますと、混じり合って、何が何だか判らなくなってしまうようなこともありますが、家に戻って一堂に拡げて、同じ種類のものを選り分けてまとめてゆくのもまた、摘み草ならではの愉しみです。その時、ごみや下葉を取り除きます。次に種類ごとに要らないところを捨てる作業をします。例えば、ぜんまいの綿毛や蕗《ふき》の葉を取り除きます。それぞれを水洗いして汚れを取り、種類別にザルに上げます。

木の芽や野草は紙に包んで、名前を書いて、少し水に浸して包みをぬらし、冷蔵庫の下段のほうに入れておくと、数日は鮮度を保ちます。

わらびなどは直ちに灰でアク出しをする必要があります。わらびは山菜の中でも固くなるのが早く、摘み採った時点から、元のほうから硬化が始まりますので、遠くで摘まれる場合は、灰を持って行き、元を揃えて束ねたあと、元の所に灰をたっぷりとつけておくのも一案でしょう。そうしておきますと、硬化を防げます。独活《うど》などは、水洗いも何もしないでそのまま束ねて、冷暗所に置いておき、使う前に掃除をすればよいでしょう。淡竹《はちく》や笹の子のようなものは、すぐに湯がいておかなければなりません。

ぜんまい、ひのきわらびなどは、摘みたてよりも保存しておいたほうが美味しく食べられますので、湯がいて天日でよく乾燥させておきます。

きのこ類は籠などに拡げて入れ、上からシダの葉や紙で覆っておき、使う都度ごみを取り、水洗いしますが、松茸や椎茸のように香りを大切にするものは、あまり洗いすぎないように、軽くごみを取る程度に留めます。

栗の実や栃《とち》の実のような木の実は、樽《たる》や桶《おけ》に水を張り、その中に入れますと、虫喰いのものが浮き上がって、容易に選別することが出来ます。

まあ、こんなところが下ごしらえの手順と申せましょうか。種類によって少しずつ扱い方が異なります。それぞれの性格に叶《かな》った扱い方が大切ですので、扱い馴れていない方は少しずつ研究していっていただきたいと願っています。

◆湯がき方のコツ

全体を同じように湯がかなくてはいけません。固い部分を初めに入れて、やわらかい部分をあとから入れると全体が同じように湯がけます。塩を少し入れると色よく湯がけます。全体が固いものは、重曹を少し使うとやわらかく湯がけますが、湯がいたあと充分水に晒すことが必要です。

やわらかいものは、湯がくと言ってもサッと湯に通す程度でよいでしょう。あるいは、ザルに並べた上から熱湯をかけるだけでよいものもあります。いずれにしても、湯がきすぎは禁物です。

湯がいたものは冷水に晒し、冷めたらすぐにザルに上げます。これは変色や余熱による軟化を防ぐためです。水に通したくないものは、直接ザルに上げて、うちわで風を当てて冷ますとよいでしょう。

重ねて申しますが、湯がきすぎは禁物です。

◆アクの抜き方のコツ

野草や山菜には、アクの強いものがあります。アクはそのものが持つ特徴で、旨味《うまみ》にもつながるものですが、強すぎるものはアク抜き（アク出し）をしなければなりません。しかし、抜きすぎないようにすることが肝要です。

湯がいて水に晒す

湯がいたあと、流水または冷水を何度も替えて晒します。ちょっと噛《かじ》ってみて、苦味の程度を確かめます。まだ抜き足りないようであれば、さらに続ければよいのです。ただし、アクが抜けすぎたものほど気の抜けた不味《まず》さはありませんので、要注意。相当にアクの強いものでも一晩水に晒せば、ほどよく抜けてくれるはずです。

木灰や重曹を使う

野草や山菜のアクや苦味は、アルカリ性の水によく溶けます。そこで、湯がく時に木灰や重曹を使うと、きれいにアクが抜けてしまうのです。「毒を以って毒を制す」という諺《ことわざ》がありますが、木灰や重曹を使いすぎると材料が必要以上にやわらかくなりすぎたり、旨味のアクが抜け切ってしまって、木灰や重曹のアクだけが残り、食べられたものではありません。

塩漬けにする

生《なま》のまま塩漬けにしておくとアクは抜けてしまいます。これは漬物としての塩漬けではなくて、保存の一方法としての塩漬け（塩蔵法）です。樽《たる》や桶《おけ》に塩を置き、山菜を並べ、その上に塩を振りかけます。これを繰り返して、いちばん上には塩をたっぷりと振りかけます。そして押し蓋をして、重石を置きます。塩が少ないと失敗しますので多めに使うとよいでしょう。

◆保存法

野草や山菜は摘みたてのものには摘みたての彩《いろ》や美味しさがありますが、手を加え保存することによって、旨味の出てくるものもあります。干椎茸やぜんまいがその一例です。蕗《ふき》や虎杖《いたどり》、きのこや木の実なども、保存しておいて、時どき出して

食べたい風雅な味です。保存の仕方の代表的なものを挙げますと、

塩漬けにする

アク抜きの項（前頁）で述べておりますが、塩漬けにすれば、一年中山菜を愉しめます。

乾燥させる

一度湯がいたものを、天日で乾燥させます。茣《ご》蓙《ざ》、筵《むしろ》などに、なるべく重ならないように拡げて、手っ取り早く干し上げます。天気のよい日を見はからって、計画を立てることがコツ。乾燥品はポリ袋、缶などに入れておきます。上に内容と採集日を書いておくと便利です。

瓶詰にする

湯がいたものを瓶に詰め、湯がき汁を口元まで入れます。この瓶を熱湯で十五分くらい煮沸殺菌し、密栓をして保存します。

おからに漬ける

おから（豆腐の絞りかす）一キロに塩一・五キロを混ぜ合わせたもので、およそ四キロくらいの山菜を漬け込むことが出来ます。おからの旨味《うまみ》が加わって、塩漬けより味がまろやかになります。塩漬けと同じ要領で漬け込みます。

◆保存品の戻し方

保存品は、日持ちをさせるために手を加え、他の力を借りて作られているので、使う時には元の姿に戻しておかなければなりませんが、戻しすぎ

ると本来の持ち味を失ってしまって、文字通り水臭いか無味乾燥になってしまいますので、肝入りのある戻し方をすることが大切です。

塩抜きの仕方のコツ

塩漬けにしたものは、水に晒して（流水がよい）塩抜きをするか、ぬるま湯に入れて火にかけ、手を入れられないほど熱くなったら火からおろし、蓋をしてそのまま冷まします。途中で二回くらいかき回すとよいでしょう。ある程度の塩気を残して調理するのがコツ。塩気を抜き切ってしまうと、味もシャシャリ（歯ごたえ）もなくなってしまいます。

乾燥品の戻し方のコツ

葉質のものは、水に半日くらい漬けておくと戻ります。戻ったものは、サッと湯がきますと、特有の日向《ひなた》臭さが取れます。

瓶詰を上手に使うコツ

瓶詰のものを出して、一度湯通しをすると、瓶詰特有の保存臭さがなくなります。

◆ぜんまいの乾燥と戻し方

野草や山菜は摘んで帰ってすぐ、新鮮な内に料理して味わうのが最高であって、これぞ摘み草の醍醐味でありましょうが、ぜんまいや、ひのきわらびは、必ず一度乾燥させておき、その都度必要なだけ戻して料理します。生のものを料理するよりは、このほうが美味しいことは確かです。

ここでぜんまいについてその扱いを特記します

のは、ぜんまいの扱いはたいへん手のかかるものであり、摘んでから食べるところまでもってゆくには、それなりの覚悟が必要だからです。それだけに、山菜の王・ぜんまいを扱い馴れたら、山菜の奥義を悟ったと考えられてもよいでしょう。

乾燥

摘んできたぜんまいの綿帽子を取り、熱湯でサッと色が変わる程度に湯がきます（ぜんまいはアクが少ない植物ですから、木灰も重曹も要《い》りません）。ザルに上げて、茣蓙《ござ》か筵《むしろ》に、手で揉《も》みながら拡げて干します。乾燥してゆくに従い、手で揉むことが重要な作業です。晴れた日が三日くらい続きますと、上手に干し上がります。その間は、夕方には取り込み、翌朝また天日に拡げて干さなければなりません。

戻し方

水またはぬるま湯にぜんまいを漬けて、しんなりやわらかくなるのを待って、手でよく揉みほぐします。水を替えて火にかけ、沸騰したところで火からおろし、蓋をして、冷め切るまでそのまま置きます。この時点で充分ふっくらとやわらかく戻っていますが、まだ日向《ひなた》臭さが残っていますので、さらに半日くらい水に晒しておきます。流水が理想ですが、そうもゆかない場合は、水を時どき替えるとよいでしょう。細いぜんまいの場合は、湯が沸騰する前で火を止めないと、やわらかくなりすぎます。

ひのきわらびは、摘んできたものを最初に湯がく時に、充分やわらかくなるまで火を通します。戻す時も、たっぷりの水に入れて充分やわらかくなるまで湯がき、流水に半日くらい晒しておきます。あとはぜんまいの扱いと同じです。

◆持ち味と料理

野草や山菜は、苦いものとかえぐいもの。茸《きのこ》は毒茸があって怖い。こんなふうに考えられがちですが、そんなものばかりではありません。むしろ親しみやすいものが多いのです。淡白な味のものから強烈な個性を持ったものまであって、野菜のようにある程度均一化されて個性がなくなっているものと違い、確実にそのものの個性を味わえるはずです。ただ、個性的であるだけに、料理するには相性を適切に選ぶことが大切です。個性に叶《かな》った料理法と相性のよい調味料によって旨《うま》さが引き立ち、美味しい料理が出来上がります。持ち味を生かす工夫は料理人の仕事です。

野草や山菜は、野菜の代用にあるのではありません。その個性を尊ばれていればこそ、重宝に扱われているのです。しかし、最近では、栽培されて市場に出廻っている野草や山菜もあります。これらは次第にその個性をも失った山菜風の野菜です。自らの手で摘み、自らの手で料理することが大切かと考えています。料理は装いではありません。あまりいじりすぎて、個性を失わせたのでは、料理人として失格、です。

◆個性に合わせた料理のコツ

淡白なもの

個性《くせ》のないものは何にでも合いますし、どのような食べ方をしてもよいでしょう。

酸味のあるもの

酢を使った料理が合います。酸味を抜いて他を引立てるのもよいでしょう。

滑《ぬめ》りのあるもの

滑りこそ個性です。滑りもいっしょに食べられる工夫が大切です。

苦味のあるもの

苦味は完全に抜き切らず持ち味として味わいましょう。田舎味噌が合います。

えぐいもの

えぐいものは、だいたい別の旨味《うまみ》を包み隠しているものです。木灰や重曹でアク抜きしますが、別の旨味まで抜き切らないように注意しましょう。酢や田舎味噌がよく合います。

◆果実酒

果実酒と言っても必ずしも果実でなければいけないということではありません。例えば、松葉も蓬《よもぎ》も辛夷《こぶし》の花も酒になります。また、果実であってもバナナと通草《あけび》は酒にならないようです。

氷砂糖とホワイトリカーで材料を仕込むのですが、甘くなりすぎないようにするのがポイントです。試行錯誤の末に得た結論は、甘口の酒はあとの料理の味がぼんやりするような気がしますので、氷砂糖をあまり入れないほうがよいということ。甘味を少なくして、年数を置くことがコツかもしれません。

あとがき

「えらい厚かましいことをしてしもうたなあ」　これが正直申しましての実感です。他人様《ひと》に読んでいただくなど考える暇《いとま》もなく、ただひたすら、淡交社の磯部隆男編集局次長さんや山城孝之氏、横内智里さんの熱意に引っぱられ、押されるままに料理を作り、文章を書きました。料理にいたっては、即興で創ったものもありますが、それはそれなりに素材の組み合わせに相性を考えて苦心したものです。文章は自分の生活体験を中心にして、野草や山菜との関わり合いの中で生まれた彼等への想いや、交わり合った情が言わせた言葉もございます。

ともあれ、無心になって書きました。何の知識も持ち得ない私の拙《つたな》い料理や文章のこと、間違いだらけかもしれません。そんなものが、いよいよ諸賢のお目に留まることとなっては額に汗するばかりです。野守りの絵日記とでもお察しあって、お赦し願い、ヒントのようにでもしていただければ幸いです。

若い頃からの出会いが縁《えにし》となって、私に野守りの覚悟を教えて下さった諸先輩や友人お一人お一人のお顔を目に浮かべつつ……。

平成元年四月吉日

美山荘　中東吉次

――復刻にあたって――

生涯で一番の親友

瓢亭　髙橋英一

私が中東さんと出会ったのは、今から五十年以上も前のこと。京都の若手料理人の集まりである「京料理芽生会」に私が入会してお目にかかったのが最初でした。すぐに意気投合し、間もなく私が通っていた井口海仙宗匠のところに誘い、一緒に茶道の稽古をはじめるようになりました。

どんどん交流は深まり、中東さんは私のことを「英ちゃん」と呼び、私は「おとうちゃん」と呼び合う仲になります。中東さんは私の一つ年上でしかなかったのですが、私のまわりの友人も皆、「おとうちゃん」と呼びたくなるようなお人柄でした。

本書で紹介されている中東さんの料理、それは繊細な都の料理でもなく、鄙《ひな》びた山菜料理でもありません。他のどこにもない、中東さん独自の力強い「摘草料理」なのです。

私と中東さんは料理や器についての考え方も近く、話が尽きることはありませんでした。私はその感性に敬服していましたし、中東さんもいつも私を立てて下さり、お互いの仕事に敬意を払ってきました。井口宗匠と一緒に連れ立って旅行に行くこともあり、旅先での想い出も尽きません。

そんな「おとうちゃん」が急逝され、私が弔辞を読ませていただいたのですが、涙があふれて声になりません。葬儀に参列した女性の方々も、私の涙につられたのか皆泣き出して、「女泣かせの英ちゃん」というあだ名がついたほどです。亡くなってから十年以上、中東さんの話が出るたびに涙が出てしまうのでした。

私の生涯で一番の親友である「おとうちゃん」、あまりに早く逝ってしまわれたのが、悔やまれてなりません。

あるとき、「英ちゃん、紫陽花《あじさい》は好きか?」と訊かれ、「大好きや」と応えたところ、「山紫陽花の群生場所を知っているし、連れて行ってあげる」と言われ、長年そのままになっていたのですが、ある年、突然「行こか」と誘われ、花背の山に連れて行ってもらいました。杉木立の谷間一面に、色とりどりの紫陽花がみごとに咲き誇っており、その幻想的な光景は今も私の目に焼きついています。今にして思えば、虫の知らせがあったのかも知れません。その年の暮になくなりました。そこから株分けしてもらった紫陽花は、私の庭で増え、毎年花を咲かせています。

平成三十年九月

中東 吉次（なかひがし・よしつぐ）

昭和13年(1938)、京都市花背の旅館、美山荘の長男として生まれ、23歳で家業を継ぐ。井口海仙宗匠に茶道を師事し、独学で料理を学んで、「摘草料理」という独自の世界を拓く。京料理芽生会のメンバーとしても活躍するが、平成５年(1993)に逝去。著書に『京 花背　摘草料理』(淡交社)、『雪峰花譜 −摘草料理 美山荘』(柴田書店)がある。

装　丁　　鈴木正道

イラスト　木村明美

もう一度読みたい
京 花背　美山荘の摘草料理

2018年10月7日　初版発行

著　者　　中東 吉次
発行者　　納屋嘉人
発行所　　株式会社　淡交社
本社　〒603-8588　京都市北区堀川通鞍馬口上ル
営業(075)432-5151・編集(075)432-5161
支社　〒162-0061　東京都新宿区市谷柳町39-1
営業(03)5269-7941・編集(03)5269-1691
www.tankosha.co.jp

印刷・製本　株式会社ムーブ

ISBN978-4-473-04273-6